Felix Kaup

Nachhaltiger Energieträger Biodiesel?

Ökonomische, ökologische und gesellschaftliche Bewertung eines alternativen Treibstoffs

Kaup, Felix: Nachhaltiger Energieträger Biodiesel? Ökonomische, ökologische und gesellschaftliche Bewertung eines alternativen Treibstoffs, Hamburg, Diplomica GmbH

Umschlaggestaltung: Elisabeth Lutz, Hamburg

ISBN-10: 3-8324-9340-9
ISBN-13: 978-3-8324-9340-0

© Diplomica GmbH, Hamburg 2006

Bibliographische Information der Deutschen Bibliothek

Die Deutsche Bibliothek verzeichnet diese Publikation in der Deutschen Nationalbibliografie; detaillierte bibliografische Daten sind im Internet über http://dnb.ddb.de abrufbar.

Dieses Werk ist urheberrechtlich geschützt. Die dadurch begründeten Rechte, insbesondere die der Übersetzung, des Nachdrucks, des Vortrags, der Entnahme von Abbildungen und Tabellen, der Funksendung, der Mikroverfilmung oder der Vervielfältigung auf anderen Wegen und der Speicherung in Datenverarbeitungsanlagen, bleiben, auch bei nur auszugsweiser Verwertung, vorbehalten. Eine Vervielfältigung dieses Werkes oder von Teilen dieses Werkes ist auch im Einzelfall nur in den Grenzen der gesetzlichen Bestimmungen des Urheberrechtsgesetzes der Bundesrepublik Deutschland in der jeweils geltenden Fassung zulässig. Sie ist grundsätzlich vergütungspflichtig. Zuwiderhandlungen unterliegen den Strafbestimmungen des Urheberrechtes. Die Wiedergabe von Gebrauchsnamen, Handelsnamen, Warenbezeichnungen usw. in diesem Werk berechtigt auch ohne besondere Kennzeichnung nicht zu der Annahme, dass solche Namen im Sinne der Warenzeichen- und Markenschutz-Gesetzgebung als frei zu betrachten wären und daher von jedermann benutzt werden dürften. Die Informationen in diesem Werk wurden mit Sorgfalt erarbeitet. Dennoch können Fehler nicht vollständig ausgeschlossen werden und die Diplomica GmbH, die Autoren oder Übersetzer übernehmen keine juristische Verantwortung oder irgendeine Haftung für evtl. verbliebene fehlerhafte Angaben und deren Folgen.

Inhaltsverzeichnis

Abbildungsverzeichnis 7
Tabellenverzeichnis 8
Abkürzungsverzeichnis 9
1. Zielsetzung, Methode und Vorgehen 11
2. Nachhaltigkeit und Biodiesel als Resultat? 14
   2.1. Chronologie nachhaltiger Entwicklung 14
   2.2. Zieldreieck oder die Säulen der Nachhaltigkeit 15
      2.2.1. Ökologische Dimension 16
      2.2.2. Ökonomische Dimension 18
      2.2.3. Gesellschaftliche Dimension 18
      2.2.4. Integration der drei Dimensionen 19
   2.3. „Starke" und „Schwache" Nachhaltigkeit 21
   2.4. Vorgeschichte und Vorbedingungen der Gewinnung von Biodiesel aus Raps in Deutschland 22
      2.4.1. Die Ressource Öl 22
      2.4.2. Umwelt- und Klimaschutz 24
         2.4.2.1. Klimaschutz der Europäischen Union 25
         2.4.2.2. Klimaschutz in Deutschland 26
      2.4.3. Die europäische Agrarpolitik und -wirtschaft 27
         2.4.3.1. Die Entwicklung der Gemeinsamen Agrarpolitik (GAP) 27
         2.4.3.2. Die Reform der GAP von 1992 28
      2.4.4. Rapsanbau in Deutschland 32
         2.4.4.1. Vorteile des Rapsanbaus 33
         2.4.4.2. Nachteile der Rapspflanze 34
3. Bewertung der Wertschöpfungskette Biodiesel 36
   3.1. Ökonomische Analyse 37
      3.1.1. Preisentwicklung von Dieselkraftstoff 37
      3.1.2. Herstellkosten von Biodiesel 39
         3.1.2.1. Anbaukosten der Rapssaat 39
         3.1.2.2. Ölgewinnung, Umesterung und Kuppelprodukte 46
         3.1.2.3. Bereitstellungskosten ab der Tankstelle 47
      3.1.3. Situation für den Konsumenten/Verbraucher 50
         3.1.3.1. Umrüstkosten bei Betrieb mit Biodiesel 51
         3.1.3.2. Eigenschaften von Biodiesel 52

- 3.1.4. Importsubstitution 53
- 3.1.5. Steuermindereinnahmen durch Subventionspolitik 56
- 3.1.6. Zusammenfassung der ökonomischen Analyse 58
- 3.2. Ökologische Bewertung 60
  - 3.2.1. Energiebilanzen und Schadstoffemissionen 61
    - 3.2.1.1. Energie- und Schadstoffbilanz bei Dieselkraftstoff 61
    - 3.2.1.2. Energie- und Schadstoffbilanz von RME 65
  - 3.2.2. Die N_2O-Debatte 68
  - 3.2.3. Schadstoffemissionen bei dem Verbrauch von Dieselkraftstoff und RME 71
    - 3.2.3.1. Anfallende CO_2-Emissionen 71
    - 3.2.3.2. Sonstige Emissionen bei RME und Diesel 72
  - 3.2.4. Biodiesel und die Ziele nachhaltiger Entwicklung der Bundesregierung 74
  - 3.2.5. Zusammenfassung der ökologischen Analyse 76
- 3.3. Gesellschaftliche Bewertung 78
  - 3.3.1. Beschäftigungseffekte durch Biodiesel 78
  - 3.3.2. Beschäftigungszuwachs als Ziel nachhaltiger Entwicklung 82
- 3.4. Opportunitätskosten 83
- 3.5. Zusammenfassung der Bewertung von Biodiesel 85
4. Alternative Einsatzgebiete von Biodiesel 87
5. Fazit und Ausblick 92
Literaturverzeichnis 95

Abbildungsverzeichnis

Abb. 1: Die Säulen der Nachhaltigkeit 16
Abb. 2: Anteile der EU-Staaten an der mengenmäßigen Rapsproduktion 32
Abb. 3: Anbaufläche wichtiger Kulturpflanzen 34
Abb. 4: Bewertung von Pflanzenöl als Treibstoff durch Experten verschiedener Branchen 37
Abb. 5: Entwicklung des Tankstellenpreises für fossilen Dieselkraftstoff 38
Abb. 6: Vergleich der Emissionen DK zu RME ohne/mit Oxi-Kat 73
Abb. 7: CO_2-Minderungskosten verschiedener Alternativen 84

Tabellenverzeichnis

Tab. 1: Anbau von Raps als nachwachsender Rohstoff in Deutschland 2001/2002 33

Tab. 2: Anbau von Non-Food-Raps und reine Begrünung auf Stillegungsflächen 40

Tab. 3: Gesamtkosten beim Anbau von Non-Food-Raps 42

Tab. 4: Vergleich der Anbaukosten von Energieraps und reiner Stillegung 43

Tab. 5: Erzeugerpreise für Non-Food-Raps 44

Tab. 6: Bereitstellungskosten für Biodiesel (RME) 48

Tab. 7: Sektoraler Verbrauch von Dieselkraftstoff in der Bundesrepublik Deutschland 53

Tab. 8: Substitutionsquote von Biodiesel am Gesamtverbrauch von Dieselkraftstoff 55

Tab. 9: Energieeinsatz zur Gewinnung und Bereitstellung von Dieselkraftstoff 63

Tab. 10: Energieeinsatz zur Gewinnung und Bereitstellung von Dieselkraftstoff 64

Tab. 11: Vergleich der Energie- und Schadstoffbilanzen bei der Herstellung von RME und Dieselkraftstoff 67

Tab. 12: N_2O-Emissionen auf Brache und Anbauflächen nachwachsender Rohstoffe 69

Tab. 13: Vergleich der Schadstoffbilanzen bei der Herstellung von RME und Dieselkraftstoff 70

Tab. 14: CO_2-Emissionsbilanz von Dieselkraftstoff/RME 72

Tab. 15: Reduktion der CO_2-Emissionen bis 2005 (Bezugsjahr 2000) 75

Tab. 16: Einkommens- und Investitionseffekte der Produktionskette Raps-Biodiesel 79

Tab. 17: Belastung von Oberflächenwasser bei der Herstellung von Kraftstoffen 89

Abkürzungsverzeichnis

AGQM	Arbeitsgemeinschaft Qualitätsmanagement Biodiesel e.V.
BayStMELF	Bayerisches Staatsministerium für Ernährung, Landwirtschaft und Forsten
BMBF	Bundesministerium für Bildung und Forschung
BMU	Bundesministerium für Umwelt, Naturschutz und Reaktorsicherheit
BMVEL	Bundesministerium für Verbraucherschutz, Ernährung und Landwirtschaft (ehemals BML)
BMWi	Bundesministerium für Wirtschaft und Technologie
CH_4	Methan
CO_2	Kohlendioxid
dt	Dezitonne
EEG	Erneuerbare-Energien-Gesetz
EMU	Electronic Managing Unit
FAL	Bundesforschungsanstalt für Landwirtschaft
FNR	Fachagentur Nachwachsende Rohstoffe e.V.
GAP	Gemeinsame Agrarpolitik
GATT	General Agreement on Tariffs and Trade
ha	Hektar
IEA	Internationale Energie-Agentur
kWh	Kilowatt/ Stunde
MIT	Massachusetts Institute of Technology
N_2O	Lachgas
OPEC	Organization of Petroleum Exporting Countries
PJ	Peta Joule (Peta = 10^{15})
RME	Rapsölmethylester
SRU	Sachverständigenrat für Umweltfragen
UBA	Umweltbundesamt
UFOP	Union zur Förderung von Oel- und Proteinpflanzen e.V
WSSD	World Summit on Sustainable Development
WTO	World Trade Organisation

1. Zielsetzung, Methode und Vorgehen

„Es war schon immer teurer einen Acker zu pflügen, das Feld zu bestellen und Getreide zu ernten, als die Kornscheune nebenan zu plündern."[1]

Im Hinblick auf die Neuverteilung der Machtverhältnisse im Nahen Osten und die daraus resultierende Unsicherheit ist die Frage nach der zukünftigen Versorgung mit fossilen und nicht erneuerbaren Energieträgern aktueller denn je.

Auch ein Blick in die mittelbare Zukunft gibt Anlass zur Sorge. Sollten die gegenwärtigen Trends des Abbaus natürlicher, nicht-erneuerbarer Ressourcen unvermindert andauern, so werden die Probleme, die heutzutage schon fühlbar und erkennbar sind, in ungefähr 50 Jahren eine weitaus gegenständlichere Bedrohung darstellen. Die Knappheit von Öl, Metallen, Frischwasser und anderen Ressourcen wird deutlich zunehmen, Konflikte in der Welt intensivieren und den Preis vieler Basisgüter erheblich erhöhen.[2]

Es wäre jedoch eine blinde und vermessene Annahme zu behaupten, zumindest in der Gegenwart, die Industrienationen dieser Welt würden auch ohne diese Ressourcen auskommen. Tatsache ist, dass die Entwicklung des Wohlstandes und der Gesellschaft einherging mit einem zunehmenden Verbrauch fossiler Energien. Diese grundlegende Verknüpfung von BSP-Wachstum pro Kopf und dem Pro-Kopf-Verbrauch kommerzieller Energie zu widerlegen und durch innovative Maßnahmen eine Entkopplung zu erreichen ist der Wunsch vieler, die auf regenerative Energien ihre Hoffnung und ihre Anstrengungen setzen.[3] Hier kommt nachhaltige Entwicklung als Denkmodell einer ganzheitlichen Perspektive zum Tragen.

Die Generierung von Öl aus nachwachsenden Rohstoffen scheint für eine Vielzahl von Problemen, die mit der ungleichen Verteilung sowie mit der Nichterneuerbarkeit fossiler Energieträger einhergehen, Lösungsmöglichkeiten zu bieten. Der umgangssprachlich „Biodiesel" genannte Treibstoff, der eine Anzahl unterschiedlicher Kraftstoffe aus regenerativen Energien zusammenfasst, besitzt nach Meinung einiger Wissenschaftler und Politiker große Potentiale, um jene, sich durchaus noch verstärkende Probleme, wenn nicht zu lösen, aber doch zu umgehen. Diese Potentiale sind sowohl im Hinblick auf die Problematik des Treibhauseffektes durch den CO_2-Ausstoß bei dem Verbrauch von Erdöl zu sehen

---

1 Zitat nach Helmut Lamp, MbB und Vorsitzender der Bundesinitiative Biodiesel, in: Miller, J.: Perspektiven der Pflanzenölkraftstoffe, in: Technologie- und Förderzentrum im Kompetenzzentrum für Nachwachsende Rohstoffe (Hrsg.): Rapsölkraftstoff in Traktoren und Blockheizkraftwerken, S. 8.
2 Vgl. Doorman, F.: Global Development: Problems, Solutions, Strategy; A proposal for socially just, ecologically sustainable growth, S. 12.
3 Vgl. Nitsch, M.: Amazonien und wir, in: Klima Global Arte Amazonas (Hrsg.), S. 48.

als auch hinsichtlich der Möglichkeit, die Importabhängigkeit des Energiesektors in Deutschland zu verringern.

Andererseits gibt es eine Vielzahl von Kritikern, die der Meinung sind, dass aus Rapssaat hergestellter Biodiesel eine ineffiziente Maßnahme zur Förderung alternativer Energien darstellt und dessen Unterstützung eine Minderung der gesamtgesellschaftlichen Wohlfahrt zur Folge hat.

Die hier vorliegende Studie wird die unterschiedlichen Aspekte, Argumentationen, Daten und Forschungsberichte darstellen, vergleichen und diskutieren. Die Verwendung von Biodiesel als Substitut für mineralischen Dieselkraftstoff wird einer umfassenden Analyse unterzogen, unter Zuhilfenahme ökonomischer, ökologischer und gesellschaftlicher Kriterien von Nachhaltigkeit. Da Nachhaltigkeit eine ganzheitliche Perspektive propagiert, wird die abschließende Bewertung auf Grundlage der kumulierten Ergebnisse eben genannter Kriterien basieren.

Ziel der Untersuchung ist es festzustellen, inwieweit die Substitution von Dieselkraftstoff durch Biodiesel dem Anspruch nachhaltiger Entwicklung entspricht und ob das Substitut langfristig als alternativer Energieträger zukunftsfähig ist. Es soll herausgefunden werden, wie groß das Potential des alternativen Kraftstoffs Biodiesel ist und wo die Grenzen der Substitution liegen.

Es ist noch anzuführen, dass sich der Fokus vor allem auf das Substitut Rapsölmethylester (RME) richten wird, da nur dieser Treibstoff eine nennenswerte Marktleistung erreicht.

Zur Klärung der Fragestellung ist es zunächst notwendig, die Kriterien, Ansätze und hier zu betrachtenden Modelle die sich im Laufe der Nachhaltigkeitsdebatte entwickelt haben kurz darzustellen, um einen Gesamtüberblick geben zu können. Auf die drei Dimensionen nachhaltiger Entwicklung wird hier im besonderen eingegangen, da diese die Grundlage der abschließenden Bewertung von Biodiesel im Hinblick einer umfassenden ganzheitlichen Perspektive bilden werden. Damit wird sich im hierauf folgenden Kapitel 2 auseinandergesetzt. Darüber hinaus werden verschiedene Entwicklungen thematisiert, wie der Umweltschutz und die Entstehung der Gemeinsamen Agrarpolitik, die Erklärungen für den Anbau von Raps zur Herstellung von Biodiesel geben können. Hinzu kommt ein kurzer Abriss der Entwicklungsgeschichte des Rapsanbaus in Deutschland.

In Kapitel 3 wird anhand verschiedener Indikatoren die Wertschöpfungskette („Lebensweg") von Biodiesel untersucht. Ökonomische, ökologische und gesellschaftliche Aspekte von Nachhaltigkeit bilden die Rahmenbedingungen zur Bewertung des Dieselkraftstoffsubstituts. Unter ökonomischen Gesichtspunkten, die mit den ökologischen im Vordergrund der Analyse stehen, wird die Frage der Wettbewerbsfähigkeit unter einzel- und gesamtwirtschaftlicher Perspektive von Biodiesel von Relevanz sein. Die Kosten und Erträge entlang der Wertschöpfungskette werden betrachtet.

Bei den ökologischen Aspekten werden die Energiebilanzen und Emissionswerte von Dieselkraftstoff und seinem Substitut im Vordergrund stehen. Die gesellschaftliche Dimension setzt sich mit der Frage nach dem Erhalt von Arbeitsplätzen in der Landwirtschaft auseinander. Mögliche Alternativen zu dem Einsatz von Biodiesel als Instrument der CO_2-Reduktion werden bei der Frage nach den Opportunitätskosten dargestellt.

In Kapitel 4 soll Biodiesel unter dem Gesichtspunkt spezifischer Anwendungen betrachtet werden. Es steht die Frage im Vordergrund, inwieweit ein regionaler oder sektoraler Einsatz die Vorteile von Biodiesel stärker herausstellen kann.

Kapitel 5 wird abschließend ein Fazit zu den zustande gekommenen Ergebnissen und einen Ausblick auf mögliche Entwicklungen alternativer Energien gegeben.

Zu beachten ist weiterhin, dass es schon in den 90er Jahren zahlreiche Publikationen und Untersuchungen zu der Frage nach dem Ersatz von Dieselkraftstoff gegeben hat. Es ist jedoch anzumerken, dass sich der aktuelle Kenntnisstand und die Rahmenbedingungen nicht nur hinsichtlich neuer Emissionswerte sondern auch bezüglich der politischen Lage und der Wissenschaft (Gentechnik) so entscheidend geändert haben, dass eine erneute Darstellung und Bewertung aktueller Studien und Untersuchungen notwendig geworden ist.

2. Nachhaltigkeit und Biodiesel als Resultat?

Die Begriffe Nachhaltigkeit oder nachhaltige Entwicklung sind spätestens seit dem Weltumweltgipfel in Rio de Janeiro 1992, auf dem „Sustainable Development" als neues Entwicklungsziel verabschiedet wurde, zu Schlagwörtern geworden und in aller Munde. Der vergangenen September (10 Jahre nach Rio) einberufene „World Summit on Sustainable Development" in Johannesburg proklamierte noch einmal deutlich den Anspruch nachhaltiger Entwicklung als umfassendes und ganzheitliches Lösungsmodell ökonomischer, ökologischer und sozialer Missstände. Die Notwendigkeit eines nachhaltigen Wirtschaftens wird kaum noch ernsthaft bestritten.[4] Der Grund, weshalb Nachhaltigkeit in diesem Kontext der Bewertung von Biodiesel als Modell verwendet wird, liegt zunächst in dem Versuch dieses schwer greifbare Konzept Nachhaltigkeit tatsächlich in einem konkreten Beispiel anzuwenden.

Der sehr weite und dehnbare Begriff und eine fehlende internationale Definition haben dazu geführt, dass der ursprüngliche Sinn und der Kontext des Wortgebrauches verwässert wurde. Es ist deshalb notwendig, die Inhalte des Leitbildes „Sustainable Development" zu systematisieren und die wesentlichen Charakteristika weiter auszudifferenzieren.[5]

2.1. Chronologie nachhaltiger Entwicklung

Der Begriff nachhaltige Entwicklung taucht in der Öffentlichkeit erstmals mit dem sogenannten Brundtland–Report der Weltkommission für Umwelt und Entwicklung auf, der 1987 erschien. In diesem Bericht wird nachhaltige Entwicklung beschrieben als das vorausschauende Wirtschaften einer gegenwärtigen Generation.
Nachhaltigkeit impliziert eine Entwicklung, die die Bedürfnisse der Gegenwart befriedigt, ohne zu riskieren, dass künftige Generationen ihre eigenen Bedürfnisse nicht befriedigen können.

Die Leitbilder nachhaltiger Entwicklung basieren aber nicht nur auf einer politischen Bewusstseinsbildung, sondern im besonderen auf den beiden Meadows-Studien des „Club of Rome", die am MIT (Massachusetts Institute of Technology) von Wissenschaftlern erarbeitet wurden.[6]

---

4 Vgl. Schneider, G.: Energiepolitik zwischen Nachhaltigkeit und Liberalisierung, S. 103.
5 „Sustainable Development" lässt sich nur unzureichend ins Deutsche übersetzen. Der Begriff nachhaltig wurde ursprünglich im 19. Jhrdt. in der Forstwirtschaft entwickelt. In dieser Arbeit werden die Begriffe Nachhaltigkeit und nachhaltige Entwicklung synonym mit dem englischen Ausdruck „Sustainable Development" verwendet.
6 Titel der amerikanischen Ausgaben: „Limits to Growth", New York 1972 & „Beyond the Limits", New York 1992.

Da das Konstrukt Nachhaltigkeit seit über 15 Jahren in unterschiedlichsten Wissenschaften und Fachrichtungen Untersuchungsobjekt ist, gibt es eine kaum überschaubare Anzahl an Modellen und Konzeptionen auf diesem Gebiet.[7] Die hier dargestellten Ansätze sind deshalb ausgesucht worden, da sie hinsichtlich der späteren Bewertung und Analyse von Biodiesel die geeignetsten zu sein scheinen.

Die Problematik des ganzheitlichen Lösungsansatzes und die unterschiedlichsten Definitionen des Begriffs der Nachhaltigkeit machen es notwendig, klare Abgrenzungen und Konzepte zu definieren, um in einer wissenschaftlichen Arbeit Modelle und Konzepte nachhaltiger Perspektiven anzuwenden.

Nachhaltige Entwicklung wird von dem Rat von Sachverständigen für Umweltfragen als Impulsgeber neuer gesellschaftspolitischer Grundlagenreflexion bezeichnet. Die wegweisende Bedeutung des Konzeptes liegt darin, dass die ökologische Ressourcenfrage aus ihrer gegenwärtigen Isolierung herausgeholt wird und als unabdingbarer Bestandteil der gesellschaftlichen Gesamtentwicklung gesehen wird.[8]

2.2. Zieldreieck oder die Säulen der Nachhaltigkeit

Das Bild des Zieldreiecks der globalen und nationalen Nachhaltigkeit ist in ökonomische, ökologische und sozial-kulturelle Zielvorstellungen respektive Leitbilder zu untergliedern. Die drei Säulen der Nachhaltigkeit werden in der Literatur synonym für den Begriff des Zieldreiecks verwendet.

Nachhaltigkeit umfasst somit ein ökonomisches Element (Allokation und Wachstum), ein ökologisches Element (inter- und intragenerative Gerechtigkeit) und drittens ein sozial-gesellschaftliches (Schutz und Erhalt der natürlichen Umwelt als Lebensgrundlage des Menschen).[9] Hervorzuheben ist die Idee des Konzeptes, dass sich die einzelnen Elemente nicht unabhängig von einander realisieren lassen. Ihre Vernetzung und die gemeinsame Umsetzung aller Elemente ist ausschlaggebend und unabdingbar mit dem Gedanken nachhaltiger Entwicklung verwoben. Die tripolare Interpretation des Begriffes geht zunächst auch von der Gleichrangigkeit der Dimensionen aus.

---

7 Vgl. Müller-Christ, G.: Nachhaltiges Ressourcenmanagement, Eine wirtschaftsökologische Fundierung, S. 51 f.
8 Vgl. Ebenda, S. 55.
9 Vgl. Gerken, L., Renner, A.: Nachhaltigkeit durch Wettbewerb, S. 1.

Ökologische Säule	
- Nutzung erneuerbarer Ressourcen nicht über Regenerationsrate	
- Nutzung nicht - erneuerbarer Ressourcen nicht über Substitutionsrate	
- Stoffeinträge nicht über die Tragfähigkeit & Anpassungsfähigkeit d. Natur	
- Unterlassung unvertretbarer Risiken	
Ökonomische Säule	**Sozial-kulturelle Säule**
- Angemessenes Einkommen	- Demokratie und Rechtsstaat
- Außenwirtschaftliches Gleichgewicht	- Soziale Integration
- Preisstabilität	- Gesellschaftliche Wohlfahrt
- Abbau regionaler Wirtschaftsgefälle	- Hoher Beschäftigungsgrad
- Ausgeglichener Staatshaushalt	- Gerechte Verteilung d. Lebenschancen
- Effiziente Allokation	

Abb. 1: Die Säulen der Nachhaltigkeit
Quelle: Eigene Darstellung nach Rogall (2000)

Die hier dargestellten Zielvorstellungen sollen zunächst nur beispielhaft erläutern, welches Spektrum die Leitbilder nachhaltiger Entwicklung umfassen. Im Laufe der Studie wird jedoch dezidiert auf einzelne Punkte eingegangen, woraufhin diese als Bewertungsgrundlage für den Einsatz von Biodiesel im Rahmen der Nachhaltigkeit angeführt werden. Aus den relativ abstrakten Leitbildern (siehe Abb. 1) nachhaltiger Entwicklung müssen differenzierte Qualitäts- und Handlungsziele abgeleitet werden. [10]

2.2.1. Ökologische Dimension

Die zugrundeliegende Annahme ist, dass zivilisatorische Entwicklungsprozesse zur Überforderung der Ausgleichmechanismen der Umwelt führen. Aufgrund möglicher Irreversibilität ökologischer Prozesse wäre die Stabilität der Umweltfunktionen und deren Konstanz nicht mehr gegeben. Als Umweltfunktionen werden die Bereitstellung endlicher und regenerierbarer Ressourcen, die Aufnahme und Assimilation von Emissionen und Abfällen und die Sicherung allgemeiner ökologischer (bspw. klimatischer) Kreisläufe verstanden. Der Erhalt dieser Funktionen für heutige und zukünftige Generationen ist das angestrebte Ziel ökologischer Nachhaltigkeit.

Es müssen daher Umweltqualitätsziele entwickelt werden, die helfen diese Funktionen näher zu bestimmen indem sie einen bestimmten sachlich - räumlich und zeitlich angestrebten Zustand der Umwelt auf globaler, regionaler oder lokaler Ebene sowie die damit vereinbarten maximalen stofflichen und landschaftsstrukturellen Belastungen angeben.

---

[10] Vgl. Rogall, H.: Von der globalen zur betrieblichen Idee der Nachhaltigkeit, in: Dybe, G./Rogall, H. : Die ökonomische Säule der Nachhaltigkeit. Annäherungen aus gesamtwirtschaftlicher, regionaler und betrieblicher Perspektive, S. 22 f.

Handlungsziele sollen die zur Erreichung der Umweltqualitätsziele notwendigen Schritte formulieren.[11]

Bei der Umsetzung dieser Regeln ergeben sich allerdings Definitionsprobleme. Daher hat die Bundesregierung in ihrem Strategiepapier zur nachhaltigen Entwicklung, das im Vorfeld des WSSD in Johannesburg erschienen ist, ähnliche aber funktionale Leitbilder formuliert.

Das Leitbild nachhaltiger Entwicklung untergliedert sich in der Strategie der Bundesregierung in vier Hauptziele:

1. Generationengerechtigkeit
2. Lebensqualität
3. Sozialer Zusammenhalt
4. Internationale Verantwortung

In Anlehnung an diese Ziele wurden 21 Indikatoren entwickelt, die den Leitbildern zugeordnet wurden. Die „Schlüsselindikatoren" sollen helfen aufzuzeigen welche Fortschritte erreicht wurden und wo Deutschland auf dem Weg zu einer nachhaltigen Entwicklung steht.[12] Einige der Kennziffern haben direkte Relevanz für die Untersuchung des Dieselkraftstoffäquivalents Biodiesel. Diese Indikatoren sollen im folgenden kurz dargestellt werden, da auch anhand dieser die Frage nach der Nachhaltigkeit des Treibstoff Biodiesel abgeprüft und bewertet werden soll.

Klimaschutz: *Treibhausgase reduzieren*

Die Klimaschutzpolitik der Bundesregierung zielt darauf ab die Emissionen des gravierendsten Treibhausgases CO_2 bis 2005 gegenüber 1990 um 25 % zu reduzieren.

Erneuerbare Energien: Zukunftsfähige Energieversorgung aufbauen

Ziel ist es, den Anteil erneuerbarer Energien am Primärenergieverbrauch von 2,1 % im Jahr 2000 auf 4,2 im Jahr 2010 zu verdoppeln.

Ernährung: *Gesunde Nahrungsmittel umweltverträglich produzieren*

Ökologischen Anbau bis 2010 auf 20 % der Gesamtfläche erhöhen. Reduktion des Stickstoffeintrages von 116,6 kg/ha (2000) auf 89 kg/ha 2010.[13]

---

11 Vgl. BMU (Hrsg.): Umweltgutachten des SRU – zur Umsetzung einer dauerhaft – umweltgerechten Entwicklung (Kurzfassung), S. 11.
12 Vgl. Die Bundesregierung: Perspektiven für Deutschland; Unsere Strategie für eine nachhaltige Entwicklung, S. 89.
13 Vgl. Ebenda, S. 95, 97, 113.

Aus den dargestellten Zielen geht hervor, dass eine deutliche Reduktion der Stoff- und Energieströme notwendig wird, um zukunftsverträglich wirtschaften zu können.

2.2.2. Ökonomische Dimension

Die Erhöhung der Wohlfahrt steht hier im Vordergrund. Eine solche kann nur dann stattfinden, wenn die sich ausweitende Schere zwischen einzelwirtschaftlicher und gesamtwirtschaftlicher Rationalität verhindert wird. Aus diesem Grunde müssen die unerwünschten Nebenwirkungen einzelwirtschaftlicher Rationalität in den gesamtökonomischen Entscheidungs-prozess rückgekoppelt werden. Dies kann, nach Meinung der Enquete-Kommission, nur durch entsprechende Intervention des Staates mit Blick auf die langfristige Überlebensfähigkeit der marktwirtschaftlichen Ordnung gelingen.[14] Denn im Vergleich zu der Akzeptanz von Langzeitbelastungen wie bei den Neoklassiker, gilt bei einem nachhaltigen Ansatz ein striktes Verschlechterungsverbot aufgrund der intergenerationalen Gerechtigkeit. Das System der Durchlaufwirtschaft muss einer dem natürlichen System ähnlichen Kreislaufwirtschaft weichen.

Es ist jedoch darauf zu achten, dass die ökonomische Säule nicht von ökologischen Faktoren in den Hintergrund gedrängt wird. Der Fokus auf die gesamtwirtschaftliche Wohlfahrt soll natürlich auch die Sicherung der materiellen Lebensbedingungen der Einzelnen garantieren (Bspw. Mobilität für alle).

Ziele ökonomischer Nachhaltigkeit sind auch ein außenwirtschaftliches Gleichgewicht und ein ausgeglichener Staatshaushalt. Die Befürworter von Biodiesel sehen auch hier einen Grund für die Förderung des Dieselkraftstoffsubstituts. Die Verwendung von Biodiesel in Autos und Heizwerken führt zu einem Minderverbrauch von Dieselkraftstoff, was eine Importsubstitution von Erdöl und somit die Chancen auf ein außenwirtschaftliches Gleichgewicht erhöht. Auch wird von dieser Seite immer wieder auf eine somit verminderte Abhängigkeit Deutschlands von Energieimporten hingewiesen.

2.2.3. Gesellschaftliche Dimension

Die sozial-kulturellen Ziele nachhaltiger Entwicklung sind noch weiter von einem gesellschaftlichen Konsens entfernt als die ökologischen und ökonomischen Ziele, da sie noch stärker von den jeweilig eingenommenen gesellschaftspolitischen Positionen abhängen. Eine Einigung über Ziele ist deshalb so schwierig, weil hier kein unbestrittenes Zielsystem existiert.[15] Eine Ausgestaltung und Strukturierung sozialer bzw. gesellschaftlicher Nachhaltigkeit könnte aber dazu führen, dass sich im Verlauf gesellschaftlicher Entwicklung

---

14 Vgl. Enquete-Kommission: Abschlussbericht: Schutz des Menschen und der Umwelt – Ziele und Rahmenbedingungen einer nachhaltig zukunftsverträglichen Entwicklung, S. 27.
15 Vgl. Rogall, H.: Neue Umweltökonomie – Ökologische Ökonomie, S. 198 f.

auch die ökonomischen und ökologischen Dimensionen von Nachhaltigkeit maßgeblich an einem nachhaltigen Gesellschaftsmodell orientieren und dadurch beeinflusst werden.

In dieser Untersuchung wird sich mit der Frage der Beschäftigungspolitik auseinandergesetzt. Inwieweit sichert oder fördert der Anbau von Raps zu Zwecken der Substitution von Diesel Arbeitsplätze und Einkommen in der Landwirtschaft und generiert somit entsprechenden volkswirtschaftlichen Nutzen. Das Strategiepapier der Bundesregierung bietet auch hier einen Indikator zur Messung nachhaltiger Entwicklung an, anhand dessen die Auswirkungen der Erzeugung von Biodiesel auf die Arbeitssituation in der Landwirtschaft betrachtet werden.

Beschäftigung: *Beschäftigungsniveau steigern*

Die Bundesregierung strebt an, die Erwerbstätigenquote bis 2010 auf 70 % im Vergleich zu 65,4 % im Jahr 2000 zu erhöhen.[16]

2.2.4. Integration der drei Dimensionen

Nachhaltige Entwicklung zielt also auf die Substanzerhaltung der Produktionsfaktoren des gesellschaftlichen Fortschritts ab.[17] Vorhandene Ressourcen dürfen eingesetzt werden, aber nur unter der Prämisse, dass sie später wiederhergestellt werden.

Die eigentliche Schwierigkeit ist die Operationalisierung der drei Nachhaltigkeitsdimensionen. Dabei ist es erforderlich, die verschiedenen Ansätze so zu kombinieren, dass sie möglichst als ganzheitliche Maßnahmen umzusetzen sind. Die mögliche Lösung des Problems liegt darin Win-Win Situationen zu schaffen. Das bedeutet, dass beispielsweise dann ökonomische Ziele erfüllt worden sind, wenn gleichzeitig ökologische und soziale Ziele erreicht werden konnten. Strukturen und Prozesse müssen so eingerichtet werden, dass sich zwei oder drei Dimensionen gleichzeitig, ohne sich gegenseitig einzuschränken oder zu behindern, entwickeln können.

Eine realistische Betrachtung muss jedoch davon ausgehen, dass es Spannungsfelder zwischen den einzelnen Dimensionen geben kann, die nicht wegdefiniert werden können. Sie müssen erkannt und durch Verstehen der Eigenheiten mit Hilfe von Abwägungsprozessen adäquat bearbeitet werden. Tatsache ist, dass es zum Erreichen von Reduktionszielen, die einer nachhaltigen Entwicklung gerecht werden, zu einer Umstrukturierung heutiger Produktionsprozesse und Konsumgewohnheiten kommen muss. Für eine derartige Neuorientierung reicht jedoch kein einzelnes Instrument oder Maßnahme aus, sondern es ist ein grundlegender Paradigmenwechsel notwendig.[18]

---

16 Vgl. Die Bundesregierung: a. a. O., S 121 f.
17 Vgl. Müller-Christ, G.: a. a. O., S. 71.
18 Vgl. Enquete-Kommission: a. a. O., S. 24.

Folgende Strategiepfade nachhaltiger Entwicklung sind in diesem Rahmen in die Überlegungen mit einzubeziehen und konsequent umzusetzen:[19]

Effizienzstrategie (ökologische Modernisierung vorhandener Produkte):

Aufgrund der Internalisierung externer Kosten wird ein Forschungs- und Entwicklungswettlauf zwischen den Unternehmen angestrebt mit dem Ziel, immer ressourceneffizientere und schadstoffärmere Produkte herzustellen. Als Beispiel lassen sich hier die Effizienzsteigerungen bei der Entwicklung von emissionsarmen Kraftfahrzeugen, bzw. deren Motoren anführen, die durch strengere, staatlich auferlegte, Abgasnormen erreicht wurden.[20]

Substitutions- oder Konsistenzstrategie (neue nachhaltige Produkte):

Es geht hierbei nicht um die Weiterentwicklung bereits bestehender Technologien oder Produkte, sondern Ziel dieser Strategie ist der Einsatz neu oder anders gestalteter Produkte, die zwar die gleiche Funktion erfüllen, jedoch umweltverträglicher sind (Erneuerbare Energien anstatt Verbrennung fossiler Energieträger; Bahn statt KfZ).

Suffizienzstrategie (Selbstbegrenzung, Lebensstiländerung):

Ziel hier ist eine Bewusstseinsbildung (bspw. Entstehen einer Umweltethik), die im besonderen durch eine Änderung der strukturellen und gesellschaftlichen Rahmenbedingungen zu einer Lebensstiländerung und somit zu einem Wandel im Nachfrageverhalten der wirtschaftlichen Akteure führen kann.

Um allerdings den unmäßigen Ressourcenverbrauch, vor allem in den Industriestaaten, einzuschränken und eine nachhaltige Entwicklung zu gewährleisten, ist es erforderlich, sämtliche beschriebenen Strategien umzusetzen.

Tatsache ist jedoch, dass die Menschen in den Industrienationen kaum gewillt sind, auf ihren hohen Ausstattungsstandard und den enormen Energieverbrauch zu verzichten. Dagegen leben die Menschen in den Entwicklungsländern notgedrungen asketisch. Dabei darf ihnen das Recht auf Fortschritt nicht vorenthalten werden Dieser Widerspruch beruht auf dem Nord-Süd-Gefälle und ist systemimmanent. Die Auflösung dieser Problematik scheint unüberwindlich. Daher muss ein Mittelweg zwischen Askese und grenzenlosem Hedonismus gefunden werden, der als globales Modell zukunftsfähig ist.

Die Industriestaaten müssen sich zu notwendigen Einschränkungen bekennen und dem Rest der Welt beweisen, dass ein Leben im Wohlstand auch auf anderem Wege erreichbar ist. Andererseits müssen Transformations- und Entwicklungsländer erkennen, dass sie trotz ihres Rechtes auf und auch der Notwendigkeit von Entwicklung die Belange ökologischer

---

19 Vgl. Rogall, H.: Neue Umweltökonomie, S. 92 f.
20 Das Wuppertal-Institut und die Enquete-Kommission fordern einer Steigerung der Ressourceneffizienz um einen Faktor 4, bzw. sogar Faktor 10. Vgl. Rogall, H.: Neue Umweltökonomie, S. 336.

Systeme und Zusammenhänge nicht vernachlässigen dürfen.[21] Die Effizienzstrategie könnte den Menschen möglicherweise die notwendige Zeit verschaffen, bis Substitutions- und Suffizienzstrategien Akzeptanz gefunden haben und umgesetzt werden können.

2.3. „Starke" und „Schwache" Nachhaltigkeit

Die Wertigkeit der Ziele der drei Säulen wird unterschiedlich interpretiert. Die relevante Frage hier ist die nach der Gleichgewichtigkeit der einzelnen Zielebenen. Je nach Gewichtung resultieren daraus die beiden Grundrichtungen der starken und schwachen Nachhaltigkeit, die innerhalb ihrer Ausrichtungen noch unterschiedliche Grade aufweisen können.[22] Starke nachhaltige Entwicklung wird unter dem Aspekt verstanden, dass der Gesamtbestand des gesellschaftlichen als auch des natürlichen Kapitals kontinuierlich wächst. Folglich muss der natürliche Bestand zumindest konstant gehalten werden. Das natürliche Kapital kann nicht durch künstliche Leistungen ersetzt werden. Starke Nachhaltigkeit bietet keine Substitutionsmöglichkeiten zwischen beiden Kapitalen.

Vertreter dieser Position fordern ein Umsteuern, da die Belastungsgrenzen der Natur nahezu erreicht sind. Dieser Prozess des Wandels umfasst technische und verhaltensverändernde Strategien. Befürworter der radikalen nachhaltigen Entwicklung hingegen plädieren für ein sofortiges radikales Umschwenken ohne jegliche Rücksichtnahme auf individuelle Präferenzen der Wirtschaftsubjekte, um schnellstmögliche Reduktion des Ressourcenverbrauchs zu erzielen.[23] Eine solche Positionierung würde von der Gesellschaft eher als „Öko-Diktatur" verstanden und die Chancen auf eine derartige Umsetzung wären verschwindend gering.

Schwache Nachhaltigkeit geht dahingegen davon aus, dass zumindest der Gesamtbestand konstant bleiben muss. Der Großteil von Ökonomen und Politikern vertritt diese Position, in der die Konsumentensouveränität nicht in Frage zu stellen ist. Die Ausprägung sehr schwacher Nachhaltigkeit wird als reine Anwendung der klassischen Ressourcenökonomie verstanden. Somit kann natürliches Kapital problemlos durch künstlich Erschaffenes substituiert werden. Eine Schädigung der natürlichen Lebensgrundlagen kann durch produzierte Sachwerte ausgeglichen werden und die Umwelt- und Ressourcenprobleme können durch technische Verfahren gelöst werden. Bei der schwachen Nachhaltigkeit werden staatliche Ge- und Verbote für besonders wichtige Schutzgüter akzeptiert.

Die Vertreter schwacher Nachhaltigkeit sehen somit geringe Notwendigkeit für Änderungen der Rahmenbedingungen durch die Politik. Hier wird des weiteren jedoch von der

---

21 Vgl. Scheer, H.: Solare Weltwirtschaft, S. 105 f.
22 Die Ausprägungen sind unter sehr schwacher, schwacher, starker und radikaler Nachhaltigkeit zu subsumieren.
23 Vgl. Rogall, H.: Neue Umweltökonomie, S. 204.

Notwendigkeit starker Nachhaltigkeit ausgegangen, da es für die Lebenshaltungsfunktionen der Umwelt und die Multifunktionalität der natürlichen Systeme keine gleichwertigen Substitute geben kann.[24]

2.4. Vorgeschichte und Vorbedingungen der Gewinnung von Biodiesel aus Raps in Deutschland

Im vorangegangenen Abschnitt wurden Nachhaltigkeit und Wege zu einer entsprechenden Entwicklung hin dargestellt. Hier steht die Frage im Vordergrund, welche gesellschaftlichen Umstände und politischen Motivationen für den Rapsanbau in Deutschland als Plattform für die Förderung als alternativer Energieträger ursächlich waren. Für den verstärkten Einsatz nachwachsender Rohstoffe anstelle fossiler Brennstoffe werden hauptsächlich fünf Argumente angeführt:

1. Verantwortungsvoller Umgang mit nicht nachwachsenden Ressourcen aus Verantwortung gegenüber zukünftiger Generationen
2. Verringerung der Abhängigkeit von Ölimporten
3. Sicherung von Einkommen und Arbeitsplätzen in der Landwirtschaft
4. Landwirtschaftliche Nutzung von Flächen, die nicht mehr für die Nahrungsmittelproduktion genutzt werden sollen
5. Reduktion der Kohlendioxidemissionen, um einen Beitrag gegen den Treibhauseffekt zu leisten[25]

Es gilt festzustellen, ob schon bei der Entwicklung von Raps zu einem Dieselkraftstoffsubstitut die Idee nachhaltiger Entwicklung zugrunde lag.

2.4.1. Die Ressource Öl

Nach der ersten Energiekrise im Jahre 1973 und der daraus resultierenden Vervierfachung des Erdölpreises wurden in verschiedensten Ländern Programme zur Förderung alternativer Energieträger aufgebaut. Besonders in den Ländern, die von billigen Erdölimporten hochgradig abhängig waren stellte sich die Frage, wie mit solch drastischen Ölpreiserhöhungen zukünftig umgegangen werden sollte und ob es zu dem vorherrschenden Energieträger Erdöl Alternativen gäbe.[26]

---

24 Vgl. Barbian, D.: Ökonomie und Sustainable Development; Entwicklung eines Ansatzes zur Umsetzung von Nachhaltigkeit, S. 9 f.
25 Vgl. Umweltbundesamt Texte 4/93: Ökologische Bilanz von Rapsöl bzw. Rapsölmethylester als Ersatz von Dieselkraftstoff (Ökobilanz Rapsöl), S. 5.
26 Die brasilianische Regierung beschloss im November 1975 die Einführung des nationalen Alkoholprogramms PROALCOOL zur Substitution von Benzin durch Biomasse.

Ölbelieferungskrisen, Preisdiktate und selbst militärische Auseinandersetzungen um Erdölquellen und -gebiete machten in der Vergangenheit wie auch in der heutigen Zeit wiederholt die Abhängigkeit der meisten Volkswirtschaften vom „Schwarzen Gold" deutlich. Aufgrund von Kohle- und Kernenergie konnte Deutschland zumindest die Stromversorgung weitgehend über nationale Anbieter decken. Die verschwindend geringen Förderkapazitäten von Rohöl sind jedoch Ausdruck des immensen Importbedarfs von fossilen Kraftstoffen und Heizöl. Der jährliche Rohölbedarf in der Bundesrepublik im Jahre 2001 betrug rund 105 Mio. t, stammte zu 98 % aus Importen und wurde zu 54 % auf dem Verkehrssektor und zu 30 % auf dem Wärmemarkt eingesetzt.[27]

Mobilität und die zunehmende Motorisierung der Gesellschaft konnte sich jedoch nur durch zunehmenden Verbrauch von raffiniertem Erdöl weiterentwickeln. Im Jahr 2002 waren 55,2 Millionen Fahrzeuge in Deutschland gemeldet und die Zahl der Autos nimmt weiter zu. Prognosen gehen von einer Zunahme des Personenverkehrs im Jahre 2015 im Vergleich zu 1997 um rund 22 % aus.[28]

Ein weiterer Faktor, der die Frage nach Substitutionsmöglichkeiten von Rohöl verstärkt, ist die Unsicherheit bezüglich des zu erwartenden Zeitraums, in dem Erdöl als fossiler Energieträger noch zur Verfügung stehen wird. Ein Ende der Ölvorkommen, die mit heutigen Technologien wirtschaftlich gefördert werden können, wird auf Grundlage des von der IEA (Internationale Energie-Agentur) angenommenen Produktionswachstums, bei konservativen Schätzungen in etwa 25 Jahren und bei großzügigen in etwa 55 Jahren erreicht.[29] Diese Ungewissheit verhindert zusätzlich, dass die schon heute erkennbare und zukünftig noch weitaus einschränkendere Knappheit als Faktor in die Preisbildung der realen Erdölpreise mit eingerechnet wird.

Eine Abnahme der so genannten statistischen Reichweite bei der Einschätzung der gesamten Erdölvorkommen kann nur durch Maßnahmen verhindert werden, die auf Effizienzsteigerungen, Ersatz durch Substitute und eine Etablierung von Suffizienzstrategien beruhen.[30] Diese Maßnahmen entsprechen den drei Strategiepfaden nachhaltiger Entwicklung, deren Umsetzung bei der Integration aller Dimensionen notwendig ist. Ein Ersatz von Erdöl durch neuartige und sogar vollständige Substitute (so genannte „Backstop Technologies"), wird aufgrund der Möglichkeit der OPEC, Preissysteme durch erhöhte Fördermengen zu regulieren, nach Ansicht einiger Forscher erst nach dem kompletten Verbrauch der Ölvorräte stattfinden.[31]

---

27 Vgl. BMWi: Nachhaltige Energiepolitik für eine zukunftsfähige Energieversorgung, S. 88.
28 Vgl. BMU: Der Umweltreport, S. 30.
29 Vgl. Kageson, P.: Growth versus the Environment: Is there a Trade-off ?, S. 119 f.
30 Vgl. Busch, A.: Nachhaltige Entwicklung, Grenzen monetärer Operationalisierung und konzeptionelle Folgerungen, S. 78 f.
31 Vgl. Heal, G./Chichilnisky, G.: Oil and the international Economy, S. 18 f.

Dagegen steht die Tatsache, dass Erdöl eine endliche Ressource ist, die nicht nur in absehbarer Zeit erschöpft ist, sondern auch als weltweit bedeutendster Energielieferant eine riesige Lücke in der globalen Energieversorgung hinterlassen wird. Dies ist in den letzten Jahren auch der Bundesregierung immer bewusster geworden. Die daraus resultierende Notwendigkeit, neue Wege und Substitutionsmöglichkeiten zu suchen, mag als ein Teilaspekt, der zu einer Unterstützung der Gewinnung von Kraftstoffäquivalenten aus nachwachsenden Rohstoffen geführt hat, gelten.

2.4.2. Umwelt- und Klimaschutz

Saurer Regen, Waldsterben und zunehmende Verschmutzung der Luft und der Böden führten schon Ende der 70er Jahre zu einer bewussten Wahrnehmung der Tatsache, dass die Umwelt auf Belastungen eindeutig negativ reagiert. Katastrophen wie das Sinken der Exxon Valdez in Alaska und andere Transportunfälle auf dem See- oder Landweg führten die Umweltbelastung durch Rohöl auch einer breiten Öffentlichkeit vor Augen. Die „saubere" Energie Atomkraft erwies sich spätesten mit Tschernobyl als Wunschtraum und als ein Energieträger mit noch größerem Gefahrenpotential als die fossilen Energien sie darstellten. Hinzu kommt, dass Atomenergie in krassem Widerspruch zur Generationengerechtigkeit steht. Die Lagerung der radioaktiven Abfälle und deren extrem lange Halbwertzeit belastet unseren Planeten über Generationen hinaus.[32]

Diese externen Effekte fossiler Energieträger und der Kernenergie resultierten, im besonderen in den europäischen Staaten, in der Auffassung, dass neue Wege im Umweltschutz und der Energieversorgung beschritten werden mussten. Der Umgang mit und der Verbrauch von endlichen Energieträgern musste effizienter, ressourcen- und umweltschonender gestaltet werden.[33]

Die flächendeckende Einführung von Kfz - Katalysatoren, strenge Richtlinien bei den Abgaswerten und Änderungen der Raumwärmeerzeugung konnten in vielen Großstädten der Industriestaaten die Immissionsbelastungen erheblich reduzieren; auch die Ausweitung des Waldsterbens und die Zunahme sauren Regens konnten durch eben erwähnte Maßnahmen eingeschränkt werden.

Im Rahmen der „Konferenz der Vereinten Nationen für Umwelt und Entwicklung" 1992 in Rio de Janeiro und darauf folgendem Klimagipfel in Kyoto 1997, wurde der Fokus auf das Problem der globalen Erwärmung durch die Verstärkung des Treibhauseffektes ausgerichtet. Maßnahmen wie die weltweite Einschränkung der Produktion von FCKW wurden er-

---

32 Vgl. BMU: Der Umweltreport, S. 26.
33 Vgl. Gerken L./Renner A.: a. a. O. , S. 16.

griffen.[34] In Rio wurde die Reduktion von Treibhausgasen, insbesondere von Kohlenstoffdioxid (CO_2), das als der Hauptverursacher der Erhöhung des Treibhauseffektes gilt, gefordert.[35] Aufgrund der Reduktionsweigerung einiger Industriestaaten wurde jedoch lediglich festgeschrieben, die Treibhausgaskonzentration auf ein Niveau zu stabilisieren, das eine gefährliche Störung des Klimasystems verhindern soll. 1997 in Kyoto kam der erste völkerrechtlich verbindende Vertrag zur Umsetzung der Klimarahmenkonvention zustande, der 2000 nach erneuten Verhandlungen (Vertragsausstieg der USA) in Den Haag und Bonn verabschiedet wurde. Zentraler politischer Erfolg war der „Bonner Beschluss", dessen Konsequenz ist, dass die Vertragsstaaten nun in ihren nationalen Parlamenten das Kyoto-Abkommen ratifizieren können.[36]

2.4.2.1. Klimaschutz der Europäischen Union

Die Europäische Union verpflichtete sich in Kyoto zu einer Minderung des CO_2-Ausstoßes von 8 % bis zum Jahr 2008 gegenüber 1990. Aufbauend auf diesem erarbeiteten Ziel hat die EU-Kommission im März 2000 mit dem europäischen Programm für Klimaänderungen eine Strategie zum europäischen Klimaschutz vorgeschlagen. Langfristiges Ziel ist die Minderung der Emissionen um 70 %.[37] Im Rahmen dieser Gemeinschaftsstrategie sollen zum einen auf Grundlage des Europäischen Programms für Klimaänderungen gezielte Maßnahmen zur Reduzierung der Emissionen aus spezifischen Quellen (Energieversorgung, Haushalte, Industrie, Verkehr) erarbeitet werden. Zum andern sind in den EU-Mitgliedstaaten die Arbeiten an der Aufstellung der Nationalen Allokationspläne aufgenommen worden, die zur Einführung und Ausgestaltung eines Europäischen Emissionshandelssystems dienen, dass auf den gemeinsamen Standpunkten des EU-Umweltrates beruht.

Der Start des Emissionshandels ist auf den 1.1.2005 festegelegt worden. Er wird als unbedingt notwendige Maßnahme gesehen, da bereits jetzt deutlich wird, dass die EU-Staaten mit ihren bisherigen nationalen Klimaschutzmaßnahmen das Reduktionsziel von Kyoto nicht erreichen werden.[38] Eine weitere Initiative ist eine im Rahmen des Kyoto Abkommens entstandene EU-Direktive[39], die im September 2001 in Kraft getreten ist und deren Ziel die Förderung erneuerbarer Energien und Ressourcen ist. Diese Direktive soll bis Oktober 2003 in den Mitgliedsstaaten der Europäischen Union umgesetzt werden. Wie die Unterstützung und die Ziele der Direktive aussehen sollen, bleibt jedoch weitestgehend den

---

34 Der Einsatz von FCKW konnte deshalb so erfolgreich reduziert werden, da es für diese Gas einfach und billig herzustellende Substitute gibt.
35 Vgl. BMU: Erneuerbare Energien und Nachhaltige Entwicklung, S. 12.
36 Vgl. http://www.bmu.de/sachthemen/energie/klima_bonn_konf.php?vers=text, Stand 27.03.03
37 Vgl. BMU: Aus Verantwortung für die Zukunft, S. 15.
38 Vgl. http://www.salzburg.gv.at/themen/nuw/umwelt/limaschutz/klimaschutz-eu-htm, Stand: 31.05.03.
39 Directive 2001/77/EC des EU-Rates und Parlaments vom 27.September 2001

Einzelstaaten überlassen (Abschaffung von Regulationsbarrieren; Förderung der Einspeisevergütung wie in Spanien, Dänemark oder Deutschland).[40]

Aus Gründen des Klimaschutzes und der Ressourcenschonung wurde von der EU, unter der Federführung der für Verkehr und Energie zuständigen Kommissarin Loyola de Palacio, der früheren Landwirtschaftsministerin von Spanien, im November 2001 ein Richtlinienvorschlag zur Förderung der Verwendung von Biokraftstoffen verabschiedet. Der sogenannten „Biofuels-Richtlinie" entsprechend soll der Anteil der Biokraftstoffe im Jahr 2005 auf 2 % an allen verkauften Otto- und Dieselkraftstoffen betragen und sukzessive auf 5,75 % im Jahr 2010 gesteigert werden. Bis 2020 soll, so die Strategie, eine 20%ige Substitution herkömmlicher Kraftstoffe erreicht werden. Entscheidend dabei ist, dass die Biokraftstoffe in Reinform, bzw. der Mischungsanteil bis zum Erreichen der Mengenziele durch die Mitgliedsstaaten vollständig steuerbefreit werden können.[41]

2.4.2.2. Klimaschutz in Deutschland

Im Rahmen der Lastenverteilung von Kyoto zwischen den EU-Staaten hat sich Deutschland dazu bereit erklärt, bis zum Zeitraum 2008/2012 die Treibhausgasemissionen gegenüber 1990 um 21 % zu reduzieren. Auf nationaler Ebene verfolgt die Bundesregierung das Ziel, die deutschen CO_2 - Emissionen bis 2005 gegenüber 1990 um 25 % zu senken.

Zum Erreichen dieser notwendigen Maßnahmen ist im Oktober 2000 ein Klimaschutzprogramm der Bundesregierung formuliert worden, das über 60 Politiken und Maßnahmen zur Verminderung von Treibhausgasemissionen enthält.[42] Im April 2000 trat das Erneuerbare-Energien-Gesetz (EEG) in Kraft, dessen zentrales Ziel die Förderung des Ausbaus der erneuerbaren Energien zur Stromerzeugung als Element für Klimaschutz ist. Die Abnahme und Vergütung gilt für die Bereiche Wind- und Wasserkraft, Solarstrahlung, Biomasse, Geothermie und Grubengas. Planungs- und Investitionssicherheit wird durch feste Pfennigbeträge pro eingespeister kWh sowie eine maximale Laufzeit von 20 Jahren gewährleistet.[43] Ob somit die Verfeuerung des bei der Produktion von Rapsölmethylester anfallenden Rapsschrotes als ertragreiches und klimaschützendes Nebenprodukt zusätzlichen Anreiz für den Rapsanbau bietet, wird im kommenden Kapitel zu klären sein.

Mit Verabschiedung der ersten Stufe der Ökosteuer im April 1999 wurde eine neue Elektrizitätssteuer und erhöhte Abgaben auf Kfz-Kraftstoffe und -Öle eingeführt. Als Teilziel sollten durch Kostenerhöhung der Mineralölsteuer Anreize zur Benutzung öffentlicher

---

40 Vgl. Lauber, V. : Renweable Energy at the EU Level, in : Reiche, D. (Hrsg.): Handbook of renewable energies in the European Union, S. 31 f.
41 Vgl. Miller, J.: a. a. O., S. 9.
42 Vgl. BMWi, a. a. O., S. 9.
43 Vgl. Gesetz für den Vorrang erneuerbarer Energien (Erneuerbare-Energien-Gesetz EEG) vom 29. März 2000 (BGBl./2000), S. 305.

Verkehrsmittel und alternativer Transportwege (Schiene statt Strasse) gegeben werden. Ein weiterer Aspekt ist der Steuererlass für Biokraftstoffe und für Wärmeerzeugung aus erneuerbaren Energieressourcen. Die angenommene „Nullemission"[44] von CO_2 bei dem Einsatz von Biodiesel ist wahrscheinlich Mitursache dafür gewesen, dass die Politik die im vorherigen Abschnitt erläuterte „Biofuels Richtlinie" in Deutschland konsequent umgesetzt hat. Auf dieser Grundlage hat sich die Bundesregierung dazu entschlossen, zunächst bis Ende 2008 auf Biokraftstoffe, darunter Rapsöl und Biodiesel (RME), keine Mineralölsteuer zu erheben.[45]

2.4.3. Die europäische Agrarpolitik und -wirtschaft

Um die heutige Situation und die Strukturen zu begreifen, die in der Landwirtschaft dazu führten Non-Food-Raps anzubauen, ist es notwendig, die historischen Entwicklungen in der europäischen Agrarpolitik zu betrachten. Ökologische Motive und das Streben nach Selbstversorgung bzw. nach Importunabhängigkeit mögen zwar als Gründe für die Förderung eines Substituts von fossilen Mineralölen angeführt werden, Fakt ist jedoch, dass die strukturellen Bedingungen, die auf einer gemeinsamen Agrarpolitik der Europäischen Union basieren, das ausschlaggebende und determinierende Moment für eine Entwicklung gewesen sind, die den Anbau von Non-Food-Pflanzen im landwirtschaftlichen Sektor erst ermöglichten. Der folgende Abschnitt wird noch dezidierter herausstellen, dass die Entscheidung der Herstellung von Biodiesel agrarpolitischer Natur gewesen ist.

2.4.3.1. Die Entwicklung der Gemeinsamen Agrarpolitik (GAP)

Die im Jahr 1957 geschlossenen EWG-Verträge beinhalteten die Gründung eines einheitlichen Agrarmarktes. Die wichtigsten agrarwirtschaftlichen Kompetenzen für eine Gemeinsame Agrarpolitik wurden europäischen Gremien und Organen zugesprochen. Die Kompetenzen für die Belange der Agrarpolitik sind auch der Bereich, der innerhalb der EU zu größten Teilen aus den nationalen Ebenen und Souveränitäten ausgegliedert wurde und auf Gemeinschaftsebene in der Verantwortung der Europäischen Union liegt.[46]

Zu Beginn beschränkte sich die GAP auf die Gestaltung einer Preis- und Marktpolitik, die in erster Linie auf die Sicherung der Einkommen und die Unterstützung der landwirtschaftlichen Betriebe angelegt war; sie unterlag in hohem Maße staatlicher Einflussnahme, um die damals noch schwache Inlandsproduktion vor dem Weltmarkt zu schützen. Auf Grund-

---

44 Nullemission deswegen, da der Verbrauch von Biodiesel nur soviel CO_2 emittiert wie beim Wachsen der Rapspflanzen gebunden wird.
45 Vgl. Brenndörfer, M.: Statusbericht aus Deutschland, in: Technologie- und Förderzentrum im Kompetenzzentrum für Nachwachsende Rohstoffe (Hrsg.): Tagungsband zum Internationalen Expertenforum, S. 24.
46 Vgl. Brocks, F.: Die staatliche Förderung alternativer Kraftstoffe: Das Beispiel Biodiesel, S. 7.

lage so genannter Marktordnungen wurden Richtpreise festgelegt, die die binnenwirtschaftlich produzierten Güter in Konkurrenz zu den importierten, die durch flexible Einfuhrzölle und Transportkosten auf ein ähnliches Preisniveau angehoben wurden, setzten.

Bei Exporten sahen die Marktordnungen eine Ausfuhrsubvention („Exporterstattungen") vor, die die verabschiedeten Richtpreise stützte. Hinzu kam, dass es bei einem Unterschreiten der festgesetzten Preise auf dem Binnenmarkt zu so genannten „Interventionskäufen" staatlicher Stellen kam. Die Preisstützung erfolgte somit auf indirektem Wege über so genannte „Deficiency Payments" (Ausgleichszahlungen). Diese Preissicherung durch Stützkäufe der Gemeinschaft führte dazu, dass die Einkommenshilfe der Landwirte an die Produktionsmenge gebunden wurde. Die Bauern bekamen umso mehr Geld, je mehr sie herstellten. Folglich intensivierten die Landwirte ihre Bewirtschaftung und mit dem zusätzlichen Faktor des technischen Fortschritts resultierte dies in einer kontinuierlich anwachsenden Produktionsmenge, die wiederum auf stagnierende Absatzmärkte traf.

Auch bei Rapssaaten gab es einen jährlichen Richtpreis. Für die Verarbeitung erhielten die Ölmühlen EU-Beihilfen, die sich aus der Differenz des Richtpreises und des Weltmarktpreises berechneten. Für die Verarbeitungsprodukte Rapsöl und Rapsschrot gab es keine Subventionen und diese standen somit in direkter Konkurrenz zu den Weltmärkten. Diese Marktordnung für Ölsaaten führte zu einem unverminderten Produktionswachstum.[47] Auch die allseits bekannten Butterberge und Milchseen waren Resultat der mengengebundenen Agrarpolitik. Um jene abzutragen, verkaufte die EG diese überschüssigen Mengen zu stark reduzierten Preisen auf dem Weltmarkt, sehr zum Ärger anderer nicht-europäischer Anbieter (z.B. USA).[48]

Zudem wurde die Umwelt durch die immer intensiver betriebene Landwirtschaft in starke Mitleidenschaft gezogen. Der erhöhte Einsatz von Dünger und Pestiziden ließ zwar mittelfristig den Ertrag steigen, führte aber zu Rückständen in den Erzeugnissen und im Grundwasser.[49] Die Ausgaben für die Agrarpolitik innerhalb der Europäischen Gemeinschaft stiegen aufgrund der dargestellten Strukturen und Maßnahmen stetig an, und Reformen wurden als unbedingt notwendig angesehen.

2.4.3.2. Die Reform der GAP von 1992

Die Verordnung der Reform der Gemeinsamen Agrarpolitik trat am 01.07.1992 in Kraft. Sie war eine Antwort auf die Budgetkrise, die durch die produktionsgebundenen Ausgleichszahlungen an die Landwirte und die intensive Bewirtschaftung hervortrat und eine

---

47 Vgl. Ebenda, S. 8.
48 Zur Not wurden die Überschüsse auch vernichtet, was zu einer Senkung des Ansehens der Landwirtschaft führte, da die Vernichtung hoch subventionierter Lebensmittel einerseits und der Unterversorgung in weiten Teilen der Welt andererseits in der europäischen Öffentlichkeit auf Unverständnis stieß.
49 Vgl. Presse- und Informationsamt der Bundesregierung: Europa in 100 Stichworten, S. 22 f.

Reaktion auf die zunehmenden internationalen Spannungen, die durch die bisherige Agrarpolitik der EU entstanden waren. Die Reformen sollten zudem die Ausgangsposition der EU bei den anstehenden GATT-Verhandlungen stärken. Trotzdem wurden drei Prinzipien als zentrale Elemente einer europäischen Agrarpolitik hervorgehoben: Einheit der Märkte, Vorrangigkeit der Gemeinschaft und die finanzielle Solidarität. Die Einheit der Märkte hat die Aufhebung von Handelsbarrieren innerhalb der Mitgliedstaaten zum Ziel; Präferenz der Gemeinschaft bedeutet im Prinzip weiterhin den Schutz des Binnenmarktes durch Handelsbarrieren an den Außengrenzen; finanzielle Solidarität beinhaltet die Partizipation der Gemeinschaft bei dem Tragen von Kosten der agrarpolitischen Maßnahmen.[50]

Die Reform umfasste im wesentlichen die Abschaffung der Preisstützungen und Interventionskäufe, die in drei Schritten stattfand. Direkte Einkommenstransfers zur Unterstützung der europäischen Landwirte und der Wegfall der preisgestützten Produktion führten eher zu extensiven Anbau- und Produktionsweisen und die Anreize zu Produktionssteigerungen wurden gemildert.

Der Wegfall der „Deficiency Payments" bei Ölsaaten führte dazu, dass Raps nicht mehr durch besondere Maßnahmen geschützt wurde und sich der direkten Konkurrenz der Weltmärkte ausgesetzt sah. Um die damit einhergehenden Einkommensverluste der Landwirte zu reduzieren, wurden im Rahmen der Reform flächenbezogene Ausgleichszahlungen als Maßnahme statt der bisherigen mengenbezogenen Beihilfen eingeführt.

> *Flächenstilllegungsquote*

Bei den Flächenbeihilfen wurden nationale und regionale Unterschiede in die Betrachtung mit einbezogen. In Deutschland wurden zur Ernte 2000 im Durchschnitt 976 DM/ha Flächenbeihilfe bei Ölsaaten gezahlt. Der Betrag variierte von Bundesland zu Bundesland (bspw. erhielt Mecklenburg-Vorpommern 1072 DM/ha und Sachsen-Anhalt 832 DM/ha).[51]

Seit der Ernte 2002 sind die flächenbezogenen Direktzahlungen vereinheitlicht worden, so dass die Beihilfen für Ölsaaten mit 690 DM/ha den Direktzahlungen für Getreide entsprechen. Somit konnten produktionsverzerrende Wirkungen reduziert werden. Voraussetzung für den Erhalt der Flächenbeihilfszahlungen ist aber eine Teilstillegung der Ackerflächen durch die Landwirte. Ziel dieser Stilllegungen ist eine Vermeidung, bzw. Begrenzung von Überschussproduktion und die Wiedergewinnung von Naturraum. Der Anteil stillzulegender Fläche wird von der EU jährlich neu festgelegt. Auch hier variiert die Prämie, die für die Flächenstilllegung gezahlt wird. Durch die Kopplung der Flächenbeihilfe an die Stille-

---

50 Vgl. European Commission, in: Directorate-General for Economic and Financial Affairs (Hrsg): European Economy, The CAP and enlargement. Economic effects of the compensatory payments, S. 3.
51 Vgl. Brocks, F.: a. a. O., S. 8.

gungsquote besitzt diese einen Gebotscharakter. In den letzten Jahren lag die Quote zwischen 5 % und 15 %.

Die Tatsache, die diese Stilllegungsquote für die vorliegende Untersuchung so relevant macht, ist die, dass es den Landwirten unter bestimmten Bedingungen (z.b. keine Verwendung als Nahrungsmittel) erlaubt wurde, auf den stillgelegten Ackerflächen nachwachsende Rohstoffe anzubauen, ohne dass eine Kürzung der Stilllegungsprämie erfolgt. Der Rapsanbau wird somit nicht mehr einheitlich betrachtet, sondern unterscheidet zwischen dem Anbau von Raps für Nahrungsmittelzwecke, so genannter Food-Raps, der weiterhin nur auf den normal bewirtschafteten Flächen produziert werden darf und dem Non-Food-Raps, der industriellen Verwendungen zugeführt werden muss, deshalb aber auf den Stilllegungsflächen angebaut werden darf.[52]

Hinzu kommt, dass der Landwirt schon bei der Beantragung der Gelder für die Flächenbeihilfszahlungen und Stilllegungsprämien bei dem Anbau nachwachsender Rohstoffe einen vertraglich zugesicherten Abnehmer haben muss. Ohne diesen Abnehmer darf er auf den stillgelegten Flächen nur Begrünung im Rahmen reiner Stilllegung durchführen. Die Flächenstilllegungsquote kann als Hauptgrund für die Entstehung der Biodieselproduktion angeführt werden. Die Entstehung von Biodiesel beruht somit vielmehr auf der agrarpolitischen Entscheidung, der Vernichtung von Überschüssen durch eine Umwandlung zu alternativen Treibstoffen Einhalt zu gebieten, als der Idee, Energieprobleme der Zukunft ins Auge zu fassen.[53]

> *Das Blair-House-Abkommen*

Aufgrund der protektionistischen Agrarpolitik der Europäer wurden bei abschließenden GATT-Verhandlungen (heute WHO) der Uruguay-Runde, die im Dezember 1993 endeten, auf Drängen der USA, erstmals die Landwirtschaft betreffende Handelsfragen miteinbezogen. Die Reform der GAP war letztendlich auch für die GATT-Beschlüsse entscheidend, da diese unter anderem die Reduktion subventionierter Exporte und bessere Marktzugangsmöglichkeiten forderten; Strukturänderungen, die auch bei der Neuordnung der Gemeinsamen Agrarpolitik in Angriff genommen wurden.[54]

Im Zuge der GATT-Beschlüsse wurde das Blair-House-Abkommen zwischen der Europäischen Union und den USA getroffen. Diese Übereinkunft begrenzt seit 1995 den Ölsaatenanbau innerhalb der EU auf eine Fläche von 5,484 Mio. ha. Die Deutschland zugesproche-

---

52 Vgl. Ebenda, S. 10.
53 Vgl. Nitsch, M.: Treibstoff aus Raps, Ein energie- und landwirtschaftlicher Irrweg, in: Das Solarzeitalter, S. 10.
54 Vgl. Bicker, E.: Strukturelle Wirkungen von volks- und betriebswirtschaftlichen Kosten staatlicher Regulierungen am Beispiel der Agrarpolitik in Deutschland und der Europäischen Union, S. 78 f.

ne Fläche beläuft sich auf 929 000 ha. Diese Garantiefläche ist jedes Jahr um die Flächenstilllegungsquote, mindestens jedoch rum 10 % zu reduzieren. Die Regelung gilt jedoch nur für die ausgewiesene Ackerfläche; Stilllegungsflächen und Kleinerzeuger (alle Erzeuger, die für weniger als 92t Getreide Flächenausgleichszahlungen beantragt haben) bleiben unberücksichtigt. Im Rahmen des Blair-House-Abkommens wurde aber auch für die Fläche, auf der Non-Food-Ölsaaten angebaut werden dürfen, eine Vereinbarung getroffen. Der Regelung entsprechend darf die Gesamtmenge an gewonnenem Ölschrot die Menge von 1 Mio.t Sojaschrotäquivalent nicht übersteigen, was einem Umfang zwischen 2 und 2,3 Mio.t Rapsschrot entspricht. Bei dieser Vereinbarung gibt es noch keine gemeinschaftliche Regelung der EU-Mitgliedsstaaten, die eine Flächenaufteilung zur Folge hätte. Sollte die 1 Mio.t- Grenze jedoch überschritten werden, dürfen nach Festlegung der EU-Kommission die überschüssigen Mengen an Schroten ausschließlich auf dem Non-Food-/Non-Feed-Sektor verbraucht werden.[55] Die Verwendung von Ölschroten wäre somit weder auf dem Nahrungsmittel- noch auf dem Futtermittelsektor möglich und würde als Option nur noch die Verfeuerung der Schrote offen lassen.

> *Agenda 2000 und die Erweiterung der EU*

Die Agenda 2000 ist das Strategiepapier der EU-Kommission, das sie 1997 veröffentlichte und ihre Vorstellung über die zukünftige Weiterentwicklung der Europäischen Union beinhaltet. Die Eigenmittelobergrenze, die den EU-Haushalt festlegt, wurde für den Zeitraum 2000–2006 mit 1,27 % des BSP beibehalten.[56] Bei der Agrarpolitik wird eine weitere Abwendung von der Preisstützung gefordert sowie das Senken des Interventionspreises und eine Erhöhung der Ausgleichszahlungen. Im Rahmen der anstehenden EU-Osterweiterung wurden folgende Probleme bei den neuen Beitrittskandidaten aufgezeigt:

- Pro-Kopf-BIP erst bei 32 % des EU-Durchschnitts
- 22 % der Erwerbstätigen sind in den Beitrittskandidaten-Staaten in der Landwirtschaft tätig (ca. 9,5 Mio.) im Vergleich zu 5 % in den EU-Staaten (8,2 Mio.)

Die Kommission schlägt Übergangszeiten vor, die der schrittweisen Angleichung an das EU-Preisniveau dienen sollen. Dementsprechend ist sie der Meinung, dass der Beitritt der ost- und mitteleuropäischen Länder die Position der Mitgliedsstaaten im Hinblick auf landwirtschaftliche Erzeugnisse nicht schwächen wird.[57] Der Deutsche Bauernverband dagegen bewertet den agrar- und außenhandelspolitischen Teil der Agenda 2000 äußerst negativ. Durch weitere Preissenkungen und deren Substitution durch Ausgleichzahlungen

---

55 Vgl. Brocks, F.: a. a. O., S. 10 f.
56 Vgl. Presse- und Informationsamt der Bundesregierung, a. a. O., S. 19.
57 Vgl. Ahner, D.: Die agrarpolitischen Aspekte der Agenda 2000, in: Wittschorek, P. (Hrsg.): AGENDA 2000, Herausforderungen an die Europäische Union und an Deutschland, S. 54.

sowie die Beibehaltung der Agrarausgaben trotz Beitritt werden nach Einschätzungen des Bauernverbandes ca. 4 Mrd. DM Mindereinnahmen bei der deutschen Landwirtschaft erwartet. Die Erlöse allein bei Ackerkulturen würden Schätzungen zufolge am stärksten einbrechen, und zwar mit einem zu erwartenden Rückgang um 8 % (insgesamt um ca. 17 %).[58]

2.4.4. Rapsanbau in Deutschland

Die Rapspflanze (Brassica napus) stammt ursprünglich aus dem Mittelmeerraum, und findet in Deutschland weitgehend gute bis optimale Anbaubedingungen. Die Pflanze ist eine Kreuzung aus Rübsen und Kohl und gilt als einer der agronomisch wertvollsten und zukunftsreichsten Kulturpflanzen.[59] In der Bundesrepublik wird vorwiegend Winterraps angebaut, da dieser doppelt so hohe Erträge wie der Sommerraps liefert und die ertragreichste Ölsaat der gemäßigten Breiten ist. Europaweit hat 2002 die Erntemenge von Raps etwa 9,4 Mio. Tonnen betragen. Das entspricht einer Rapssaatenfläche in der EU-15 von ungefähr 3,1 Mio. ha.[60]

Frankreich und Deutschland sind die Haupterzeuger von Raps mit einer Gesamtproduktion von etwa 7,05 Mio. t, was 75 % des gesamten Rapsanbaus entsprechen (siehe auch Abb. 2).

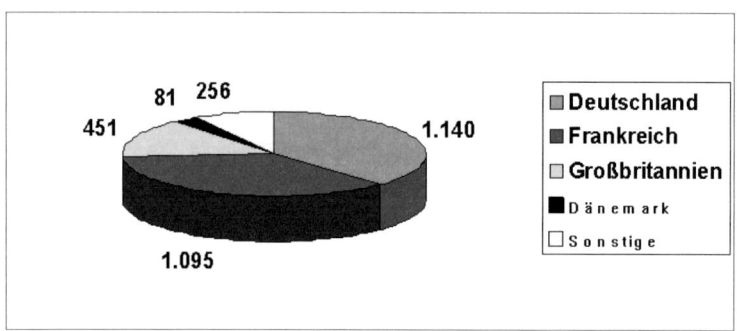

Abb. 2: **Anteile der EU-Staaten an der mengenmäßigen Rapsproduktion in 1000 ha**
Quelle: UFOP Bericht 2001/2002

In Deutschland erreichte die Ernte für Raps und Rübsen 2002 ihren bisher größten Umfang. Es wurden ungefähr 1,3 Mio. ha angebaut, was einer Vorjahreszunahme von mehr als

---

58 Vgl. Born, H.: Widersprüche aus der Sicht des Deutschen Bauernverbandes, in: Ebenda, S. 68.
59 Vgl. TÜV Bayern, Biodiesel für Fahrzeuge, S. 16.
60 Vgl http://www.verbraucherministerium.de, Stand: 31.05.03.

14 % entsprach. Der Anstieg basierte ausschließlich auf der Ausweitung des Anbaus von Winterraps (14,5 % Zunahme), der auf deutschen Ackerflächen 95 % des Ölsaatenanbaus einnimmt. Dabei wurde der Anbau von Non-Food-Winterraps auf Stilllegungsflächen im Vergleich zu 2001 um rund 7 % ausgedehnt, der Anbau von Food-Winterraps um etwa 15 %. Die Ausweitung ist eine Folge der relativ hohen Rapspreise und wurde durch den Wegfall der gesonderten Ölsaaten-Garantiefläche begünstigt. Entscheidend ist, dass die weitere Absenkung der Flächenzahlung für Ölsaaten auf das Niveau der Getreideprämie, die Anbauentscheidungen der Erzeuger offensichtlich kaum beeinflusst hat.[61]

Als nachwachsender Rohstoff baut Raps seinen Vorrang unter den landwirtschaftlichen Kulturen innerhalb der Bundesrepublik deutlich aus. Schätzungen zufolge werden über 660.000 ha der Ackerfläche von Raps der oleochemischen Industrie, der Erzeugung von Bioschmierstoffen und -hydraulikölen und eben der Produktion von Biodiesel zugeführt.[62]

Jahr	2001		2002	
	Basisfläche	Stilllegungs-fläche	Basisfläche	Stilllegungs-fläche
Rapsölanbau in ha	190.000	322.698	320.000	344.930
Summe:	512.698 ha		664.930 ha	

Tab. 1: **Anbau von Raps als nachwachsender Rohstoff in Deutschland 2001/2002**
Quelle: FNR, Jahresbericht 2001/2002

Somit werden Rapssaaten für Non-Food-Zwecke auf knapp der Hälfte aller Anbauflächen für Ölsaaten und nicht nur auf Stilllegungsflächen, sondern auch auf Basisflächen angebaut, wie man Tabelle 1 entnehmen kann.

2.4.4.1. Vorteile des Rapsanbaus

Anhand Abb. 3 lässt sich darstellen, dass neben den Getreidesorten Weizen, Gerste und Mais, Raps zu den wichtigsten Kulturpflanzen gehört, die in Deutschland angebaut werden. Dies ist auf die vielseitigen Anwendungsmöglichkeiten zurückzuführen, bei denen die Rapspflanze das Ausgangsprodukt ist.

---

61 Vgl. Ebenda.
62 Vgl. FNR: Jahresbericht 2001/2002, Gülzow 2002, S. 13.

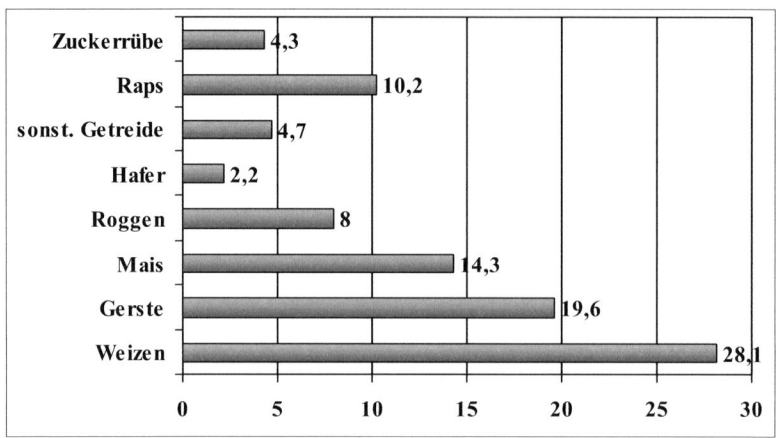

Abb. 3: Anbaufläche wichtiger Kulturpflanzen (in %, Stand 2000)
Quelle: BMVEL 2002

Das Rapsöl kann als Lebensmittel oder Treibstoff verwendet werden; nach der Umesterung zu Rapsölmethylester (RME) findet das Verbundprodukt als Dieselkraftstoffsubstitut Verwendung. Schließlich kann das bei Ölgewinnung entstehende Nebenprodukt Rapsschrot als Futtermittel benutzt werden. Hinzu kommt, dass Raps häufig als Zwischenfrucht bei Getreidefruchtfolgen angebaut wird (besonders bei Weizen).

Raps zählt zu den effektivsten Vorfrüchten überhaupt, da dessen Pfahlwurzeln tief in die Erde eindringen und den Boden auflockern, was zu einer sehr guten Nährstoffverfügbarkeit für die nachfolgenden Pflanzen und zu verbessertem Erosionsschutz führt.[63]

Weiterhin wird mehrfach darauf hingewiesen, dass aufgrund moderner biotechnologischer Verfahren davon ausgegangen werden kann, dass gentechnisch veränderte Rapssaaten einen höheren Ernteertrag pro Hektar erreichen und resistenter gegen unterschiedlichste Arten von Schädlingen sein werden. Gentechnisch Veränderte Organismen (GVO) gelten als Voraussetzung für eine erfolgreiche Resistenz- und Qualitätszüchtung.

2.4.4.2. Nachteile der Rapspflanze

Als vielleicht schwerwiegendsten Nachteil, der auch die maximal mögliche Anbaufläche für Raps einschränkt, lässt sich die Tatsache anmerken, dass Raps nicht mit sich selbst verträglich ist. Die Ölpflanze ist zwar, wie schon erwähnt, sehr gut als Vorfruchtsaat geeignet. Bei einer Fruchtfolge, die auf weniger als drei bis vier Jahre Anbaupause ausgerichtet wä-

---

63 Vgl. TÜV Bayern, a. a. O., S.16.

re, gibt es einen deutlichen Anstieg von Schädlings- und Krankheitsbefall.[64] Dies wird als sogenannte Furchtfolgerestriktion aufgeführt. Ein weiterer Faktor ist die bei verschiedenen Untersuchungen festgestellte Bedeutung der Stickstoffdüngung. Eine Erhöhung der Ausbringung dieser agrarchemischen Düngung führt bei Raps in besonderem Maße zu einer Ertragssteigerung. Die Problematik hierbei ist jedoch, dass auch eine deutliche Überdüngung, die bei anderen Saaten zu einem Ertragsrückgang führt kein Ertragsrisiko für die Rapspflanze darstellt. Dies kann darin resultieren, dass bei der Düngung Stickstoffeintrag bei Rapssaaten den anderer Saaten deutlich übersteigt.[65] Auf die Problematik der Stickstoffausbringung wird im folgenden Teil nochmals dezidiert eingegangen.

Abschließend lässt sich sagen, dass die Entwicklung von Biodiesel aus Rapsöl keine bewusst getroffene Maßnahme nachhaltiger Entwicklung gewesen ist, sondern dass aus agrarpolitischen Neuerungen, die als Ausweg aus der Krise des EU-Agrarmarktes gesehen wurden, im Rahmen der GAP Flächenbeihilfs-zahlungen vergeben wurden, die zu einem vermehrten Anbau von Non-Food-Raps führten.[66]

---

64 Vgl. Umweltbundesamt Texte 4/93: a. a. O., S. 17.
65 Vgl. Ebenda, S. 16.
66 Vgl. Scheer, H.: Es lebe der kleine Unterschied, Kommentar zu: „Treibstoff aus Raps", Artikel von Nitsch, M., in: Das Solarzeitalter, S. 11.

3. Bewertung der Wertschöpfungskette Biodiesel

Da jetzt die relevanten Ansätze nachhaltiger Entwicklung erklärt und die Konzeption der drei Dimensionen und als integratives Lösungsmodell dargestellt wurde, wird nun zu klären sein, inwieweit Biodiesel als erneuerbare Energie die Bedingungen, die auf dem Weg zu einer nachhaltigen Entwicklung zu beachten sind, erfüllen kann. Auch die eben aufgezeichneten Veränderungen bei dem Anbau von Ölsaaten, im Hinblick auf den europäischen und besonders den deutschen Agrarmarkt, werden in die Betrachtungen mit einbezogen. Um der ganzheitlichen Perspektive der Nachhaltigkeit Geltung zu verleihen, wird die gesamte Wertschöpfungskette von Biodiesel betrachtet. Dies impliziert, dass der Entstehungsprozess des Rapsölmethylester (im folgenden mit RME abgekürzt) von der Produktion der Rapssaaten (z.B. Emissionswerte der Traktoren, Stickstoffdüngung) über die Ölgewinnung, bis hin zur Umesterung und dem Transport zu den Abnehmern betrachtet wird. Die Untersuchung gliedert sich in eine ökonomische, ökologische und gesellschaftliche Betrachtung.

Im folgenden Abschnitt 3. 1 wird unter ökonomischen Gesichtspunkten die Frage der Konkurrenzfähigkeit unter einzel- und gesamtwirtschaftlicher Perspektive sowie die Untersuchung des Arguments der möglichen Importsubstitution von Biodiesel relevant sein. Auch auf auftretende betriebswirtschaftliche und volkswirtschaftliche Kosten wird geachtet. In Kapitel 3. 2 werden die Emissionswerte und die Energiebilanzen von Dieselkraftstoff und seinem Substitut verglichen, um die ökologische Dimension zu betrachten. Kapitel 3. 3 wird sich im wesentlichen mit der Frage der Arbeitsplätze in der Landwirtschaft und den Opportunitätskosten befassen.

Idee der Untersuchung der einzelnen Dimensionen ist, zu klären, ob und wann welche Gesichtspunkte bei der Wertschöpfungskette von Biodiesel als nachhaltig gelten können, so dass eine differenzierte Aussage über die Vor- und Nachteile von RME getroffen werden kann. Abschließend wird versucht, eine Integration der einzeln dargestellten Dimensionen zu erreichen, da es festzustellen gilt, inwieweit von einem nachhaltigen Energieträger Biodiesel gesprochen werden kann.

Wie in dieser Analyse der Nachhaltigkeit von Biodiesel noch häufiger zu sehen sein wird, liegen die Meinungen und die Ergebnisse verschiedener Studien hinsichtlich unterschiedlichster Eigenschaften von RME weit auseinander (Abb. 4 verdeutlicht diese Tatsache).

Im Rahmen dieser Studie werden zu den einzelnen Prozessen und Schritten der Wert- bzw. „Schadschöpfungskette"[67] die vorgenommenen Studien verglichen und interpretiert. De-

---

[67] Vgl. Stitzel, M.: Das Unternehmen als Initiator der ökologischen Umorientierung, in: Jänicke, M.; Bolle, J.-J.; Carius, A.: Umwelt global, S. 153. Schadschöpfungskette in Analogie zur Wertschöpfungskette im Hinblick auf die ökologische Bewertung der Energiebilanzen und Emissionen.

tailfragen können aufgrund dessen auf der Auslegung und Interpretation der Untersuchungen basieren. In der Gesamtanalyse wird jedoch versucht, auf der Grundlage aller Studien einen gemeinsamen Nenner für die abschließende Bewertung zu finden.

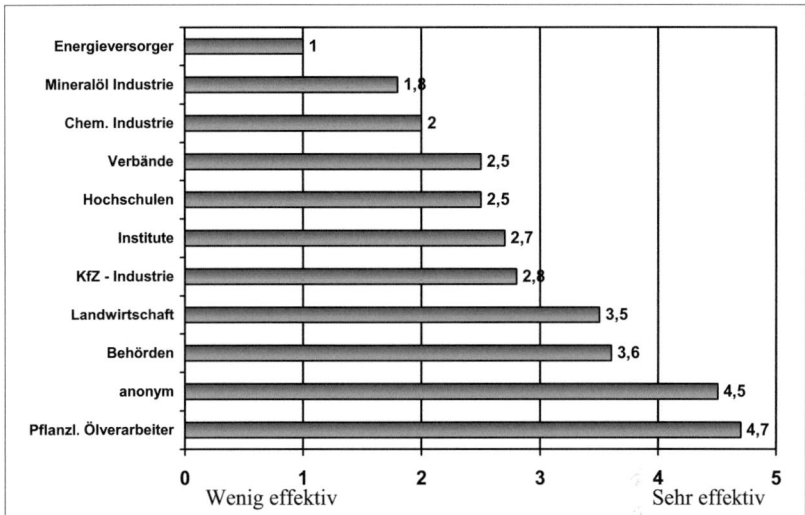

Abb. 4: **Bewertung von Pflanzenöl als Treibstoff durch Experten verschiedener Branchen**
Quelle: Goerke 1998

3.1. Ökonomische Analyse

Hier werden betriebs- bzw. einzel- und volkswirtschaftliche Fragen relevant, die auf mögliche ökonomische Vorteile von Biodiesel ausgeleuchtet werden. Es gilt festzustellen, wo der wirtschaftliche Nutzen für Verbraucher, Produzenten und Staat liegt. Zunächst soll hier der Frage nachgegangen werden, inwieweit Biodiesel als wettbewerbsfähiges Produkt im Vergleich zu mineralischem Dieselkraftstoff gelten kann. Dazu werden die Eigenschaften von RME als Kraftstoff eingehender untersucht, um festzustellen inwieweit das Substitut qualitativ dem Dieselkraftstoff ebenbürtig ist. Für eine Verbraucherentscheidung bei der Benutzung von Biodiesel wird das ausschlaggebendste Argument der Preis sein, denn Treibstoffe ob RME oder fossiler Kraftstoff besitzen eine hohe Preiselastizität.

3.1.1. Preisentwicklung von Dieselkraftstoff

Preise für fossile Energieträger Diesel und Benzin sind abhängig von dem Rohölpreis auf dem Weltmarkt, und aufgrund der Tatsache, dass das Barrel Öl in Dollar gehandelt wird, abhängig von Wechselkurs.

Der Rohölpreis ist aufgrund der Beendigung des Irak-Krieges auf etwa 25$/ Barrel gefallen (vor dem Krieg etwa 35 $/Barrel). Inwieweit die Beendigung der UN-Sanktionen gegenüber dem Irak sich auf den Weltmarkt auswirken bleibt noch abzusehen. Tatsache ist, dass die OPEC-Staaten sich vor einem Verfall der Preise fürchten und einen hohen Weltmarktpreis befürworten.[68] Die starken Schwankungen des Rohölpreises während der letzten Jahre und die aktuelle politische Lage im Mittleren Osten verhindern jedoch das Treffen sicherer Prognosen. Auch der Wechselkurs von Dollar und Euro ist unstet und schwer prognostizierbar.

Der Einfluss des Weltmarktpreises für Öl und der Wechselkursschwankungen muss jedoch dahingehend relativiert werden, dass sich der letztendliche Tankstellenpreis für die fossilen Treibstoffe zu einem weit stärkerem Maße aus den nationalen Mineralölsteuern ergibt. Der Anteil des Importpreises an dem Tankstellenendpreis lag in den letzten Jahren bei etwa 35 % (siehe Abb. 5).[69]

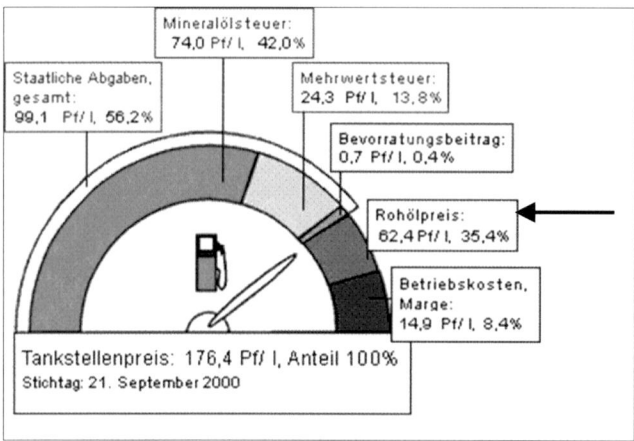

Abb. 5: Entwicklung des Tankstellenpreises für fossilen Dieselkraftstoff
Quelle: http://www.dea-kassner.de/_Kraftstoffpreise/body__kraftstoffpreise.html

Ein weiterer wichtiger Punkt, der bei der Preisgestaltung von Dieselkraftstoff relevant sein wird, ist die nächste Stufe der Öko-Steuer, deren in Kraft treten für 2004 geplant ist und eine weitere Erhöhung der Preise fossiler Kraftstoffe zur Folge haben wird.[70] Einen überproportionalen Anstieg kann es durch Kumulationswirkungen der drei maßgeblichen

---

68 Vgl. Der Tagesspiegel, vom 24.04.03, OPEC hat Angst vor einer Ölschwemme, S. 18.
69 Vgl. Brocks, F.: a. a. O., S. 76 f.
70 Vgl. http://www.oeko-steuer.de/.

Preisgestalter von fossilen Kraftstoffen geben (hoher Rohölpreis, schwacher Euro und eine zusätzliche Erhöhung der Mineralölsteuer).

Die Preisentwicklung bei RME war in der Vergangenheit eng an den Preis von Diesel gekoppelt und wurde erst in den Jahren 1999/2000 unabhängiger von dem Preisverhalten von Diesel.

Dies lag hauptsächlich daran, dass erstmalig 1999 über 100.000 t Biodiesel nachgefragt wurden. Zwischenzeitlich gab es deutliche Preisvorteile zu Gunsten von Biodiesel, jedoch nicht weil RME als Produkt billiger wurde, sondern einziger Grund waren die eben erwähnten überproportionalen Preisanstiege bei Dieselkraftstoff.[71] Es ist jedoch notwendig zu erwähnen, dass die „Biofuels-Richtlinie" (siehe Kap. 2.4.2) und die daraus resultierende Steuerfreistellung von biogenen Kraftstoffen in Deutschland entscheidenden Anteil daran trägt, dass RME so preisgünstig dem Endverbraucher angeboten werden kann.

3.1.2. Herstellkosten von Biodiesel

Zunächst wird hier auf die unterschiedlichen Kosten eingegangen, die bei den einzelnen Prozessschritten, d.h. vom Anbau der Rapssaat bis zur Umesterung, entstehen. Es soll herausgefunden werden, ob Produzenten, Konsumenten oder womöglich der Staat aus den verschiedenen Entwicklungsschritten übermäßigen Nutzen ziehen. Abschließend sollen die Entstehungskosten von Biodiesel mit denen von mineralischem Dieselkraftstoff verglichen werden.

3.1.2.1. Anbaukosten der Rapssaat

Bei der Herstellung von Biodiesel kommt der Erzeugung von Rapssaat als erster Schritt in der Prozesskette besondere Bedeutung zu, da der größte Teil der Erzeugungskosten von RME auf die Rohstoffkosten bzw. auf die landwirtschaftliche Produktion von Raps entfällt. Um die Anbaukosten von Raps zu präzisieren, ist es notwendig einen Vergleich zwischen unterschiedlichen Studien zu führen.

> *Gutachten des Umweltbundesamtes*

Ein Gutachten der Ruhr-Universität Bochum, das 1998 im Auftrag des Umweltbundesamtes verfasst und im September 1999 aktualisiert wurde, geht davon aus, dass Raps für Treibstoffzwecke auf Primärflächen und Stilllegungsflächen angebaut werden kann; es jedoch aufgrund des geringeren Marktpreises nicht rentabel wäre Non-Food-Raps auf Ba-

---

71 Vgl. Brocks, F.: a. a. O., S. 77.

sisflächen anzubauen.[72] Aufgrund dieser Annahme wurden in jenem Gutachten nur der Rapsanbau auf stillgelegten Flächen betrachtet.

		Anbau von Non-Food-Raps	Stilllegung	Anbau NF-Raps bei höherem Ertragsniveau
Ertrag	Dt/ha	25	-	33
Preis	DM/dt	27	-	27
Erlös/Marktleistung	DM/ha	675	-	891
Saatgut	DM/ha	65	52	65
Düngung	DM/ha	227	-	318
Pflanzenschutz	DM/ha	250	-	310
var. Maschinenkosten	DM/ha	336	35	363
Sonstige var. Kosten	DM/ha	103	-	141
Deckungsbeitrag I	DM/ha	306	87	306
Stilllegungsprämie	DM/ha	750	750	750
Deckungsbeitrag II	DM/ha	444	663	444

Tab. 2: Anbau von Non-Food-Raps und reine Begrünung auf Stilllegungsflächen
Quelle: Umweltbundesamt, Gutachten der Ruhr-Universität, 1999.

Anhand Tab. 2 lässt sich erkennen, dass mit Hilfe der Errechnung des Deckungsbeitrages der Rapsanbau auf Stilllegungsflächen mit der reinen Flächenstilllegung verglichen wurde. Bei dem Vergleich wird davon ausgegangen, dass ein gewisser Aufwand betrieben werden muss, um die reinen Stilllegungsflächen vor einer Verunkrautung in den Folgejahren zu bewahren. Demzufolge werden Ausgaben für Begrünung (Düngung) und variable Maschinenkosten in die Berechnung miteinbezogen (siehe Tab. 2).

Wie deutlich zu erkennen ist, lässt sich nach diesen Berechnungen mit dem Anbau von Non-Food-Raps bei Miteinbeziehung der Stilllegungsprämie ein Gewinn von 444 DM/ha erwarten. Die reine Stilllegung der Fläche erscheint diesen Daten zufolge mit 663 DM/ha aber als wirtschaftlicher. Selbst bei einem höheren Ertragsniveau von 33dt pro Hektar wachsen die Kosten aufgrund notwendiger Maßnahmen für Pflanzenschutz, Düngung und Maschineneinsatz mit, so dass keine Mehrerlöse trotz höherer Hektarerträge anfallen werden. Damit der Anbau von Non-Food-Raps unter den dargestellten Preisbedingungen bei

---

72 Vgl. Folkers, C: Gutachten zur ökonomischen Bewertung von Rapsöl/Rapsölmethylester (RME) gegenüber Dieselkraftstoff, in: Umweltbundesamt Texte 79/99 (Hrsg.), Aktuelle Bewertung des Einsatzes von Rapsöl/RME im Vergleich zu Dieselkraftstoff, S. 45 f.

einem Ertrag von 25 dt/ha wirtschaftlich im Vergleich zur reinen Flächenstilllegung sein kann, dürfen die Kosten maximal 762 DM/ha betragen (bei Kosten in dieser Höhe entspräche der Deckungsbeitrag II von Non-Food-Raps dem der reinen Flächenstilllegung). Für die Entscheidung, dennoch Raps anzubauen, ist in erster Linie der hohe Vorfruchtwert verantwortlich. Dieser bietet gerade an Standorten mit getreidebetonten Fruchtfolgen die Möglichkeit der Erhöhung der Folgeerträge. Der Aspekt der Fruchtfolge trägt aber nach Aussage dieses Gutachtens nicht dazu bei, die Wettbewerbsfähigkeit von Non-Food-Rapssaaten zu erhöhen. Es wird vielmehr angenommen, dass gerade bei Betrieben mit günstigen Anbaubedingungen die Stilllegungsfläche der reinen Begrünung zugeführt wird, um die Fruchtfolgerestriktion zu umgehen und so im folgenden Erntejahr, unter Berücksichtigung der Restriktion, den ertragreicheren Food-Raps anbauen zu können.[73] Somit wird Non-Food-Raps dort angebaut, wo aufgrund des Standortes (Bodenart und Bodengüte) der Food-Raps schlechteren Anbaubedingungen unterliegt, der Vorfruchtwert der Ölsaat Raps hingegen für getreidebetonte Betriebe wichtig ist.[74] Darüber hinaus ist die Tatsache, zumindest für landwirtschaftliche Betriebe mit intensiver Viehhaltung, von Relevanz, dass auf stillgelegten Flächen nur dann Gülle ausgebracht werden darf, wenn dort nachwachsende Rohstoffe angebaut werden. Die Betriebe, die vor dem Problem stehen, Entsorgungskosten für überschüssige Gülle zahlen zu müssen, werden dann Non-Food-Raps anbauen, wenn die Kosten für die Entsorgung die Differenz der Deckungsbeiträge von reiner Flächenstilllegung und dem Anbau von Non-Food-Raps übersteigen.

Der Anbau von Raps würde sich erst ab einem Betrag von mindestens 219 DM/ha Entsorgungskosten für den Landwirt lohnen (663 DM Deckungsbeitrag Stilllegung – 444 DM Deckungsbeitrag Rapsanbau).[75]

Um darzustellen, wie unterschiedlich die Studien gerade im Hinblick auf das Zahlen- und Datenmaterial sind, ist zu erwähnen, dass die bei diesem Gutachten als hoch eingestuften Erntemengen jedoch nur minimal über dem vom BMELV angegebenen durchschnittlichen Hektarerträgen der letzten Jahre liegen, die rund 32,7 dt/ha betragen.[76]

> *Untersuchungen der UFOP*

Das Postulat, dass der Anbau von Non-Food-Raps auf Stilllegungsflächen nicht profitabel sei, hat die UFOP (Union zur Förderung von Oel- und Proteinpflanzen e. V.) dazu veran-

---

73 In den Bundesländern mit vermeintlich besseren Anbaubedingungen und traditionell günstigeren Standorten in Norddeutschland kommt es nicht zu einem verstärktem Anbau von Non-Food-Raps.
74 Vgl. Ebenda, S. 50.
75 Vgl. Ebenda, S. 51.
76 Vgl. http://www.verbraucherministerium.de

Kapitel 3

lasst, eine detaillierte Kostenanalyse durchzuführen.[77] Auch hier ist die Grundlage ein Kostenvergleich zwischen der Begrünung von Stilllegungsflächen und dem Anbau von Non-Food-Raps. Zur Festlegung der jeweiligen Kosten wurden zunächst die Gesamtkosten von Nahrungsmittelraps errechnet, wie in Tabelle 3 zu sehen ist.

Kostenelemente bei 40 dt/ha Ertrag	Kosten in DM/ha	Kosten in DM/dt
Variable Kosten:		
Saatgut	72	1,8
Mineraldüngerkosten nach Entzug	360	9
Pflanzenschutz	280	7
Variable Maschinenkosten bei Eigenmechanisierung	320	8
Sonstige var. Kosten der Produktion	120	3
1.Teilsumme: Variable Kosten	**1.152**	**28,8**
Fixkosten:		
Fixkosten Maschinen	320	8
Arbeit inkl. Nicht termingebundene Arbeit	280	7
Pachtansatz Ackerland	300	7,5
Sonstige anteilige Fixkosten des Betriebes	200	5
Zinsanspruch für Maschinen und Umlaufkapital	180	4,5
2.Teilsumme: Fixkosten insgesamt	**1.280**	**32**
Summe der Gesamtkosten:	2.432	60,8
abzüglich Ausgleichszahlungen (im Mittel)	680	17
Erlös	-1.752	
Notwendiger kostendeckender Erzeugererlös in DM/dt		**43,8**

Tab. 3: Gesamtkosten beim Anbau von Non-Food-Raps
Quelle: Eigene Darstellung nach: UFOP, nach Prof. Janinhoff, FH Bingen, 2001

Anhand der Tabelle wird sofort deutlich, dass in dieser Studie im Vergleich zu dem vorherigen Gutachten eine andere Ausgangslage angenommen wird. Der Ertrag von 40 dt/ha entspricht mehr als der eineinhalbfachen Erntemenge von 25 dt/ha, die die Grundlage der Studie des Umweltbundesamtes bildet. Aufgrund der eingehenderen Kostenanalyse der UFOP-Studie und der Miteinbeziehung der Fixkosten in die Untersuchung, ist die Summe

---

77 Vgl. Scharmer, K.: Biodiesel, Energie und Umweltbilanz Rapsölmethylester, in: UFOP (Union zur Förderung von Oel- und Proteinpflanzen (Hrsg.), S. 44.

der Gesamtkosten auch entscheidend höher (die variablen Kosten unterscheiden sich lediglich um rund 170 DM).

Darauf basierend errechnet sich ein notwendiger kostendeckender Erzeugererlös von 43,8 DM/dt für Lebensmittelraps, der rund 1,6fach höher liegt als der Erlös für Non-Food-Raps von 27 DM/ha von dem in dem Gutachten des Umweltbundesamtes ausgegangen wird. Die Marktpreise der Ernte 2001 für Nahrungsmittelraps decken nach Ansicht der UFOP-Untersuchung in etwa den notwendigen Erzeugererlös.[78]

Um nun den Kostenvergleich von begrünter Stilllegungsfläche zu dem Anbau von Non-Food-Raps zu ziehen, werden Kostenelemente der Analyse in Tabelle 3 den beiden Optionen für eine Stilllegungsfläche zugrunde gelegt. Der Anbau von Energieraps unterliegt den gleichen Gesamtkosten wie der des Food-Raps und somit kommen nur die unterschiedlichen Ausgleichszahlungen zum Tragen. Die Stilllegungsprämie variiert je nach Region und beträgt mal mehr und mal weniger als die Flächenausgleichszahlungen im Mittel. Bei der reinen Flächenstilllegung wird angenommen, dass die gleichen Fixkosten anfallen, wie bei einer Bewirtschaftung der Fläche mit Raps, zuzüglich Bearbeitungskosten von etwa 200–300 DM/ha, die bei Begrünung und Düngung entstehen.

Das Ergebnis ist der vorhergehenden Untersuchung diametral positioniert. Nur unter ungünstigen Umständen würde sich im direkten Kostenvergleich die reine Stilllegung gegenüber dem Anbau von Non-Food-Raps rechnen. Unter den Voraussetzungen einer Stilllegungsprämie von unter 791 DM/ha, einem Preis für Energieraps von maximal 25 DM/dt, den niedrigsten Gesamtkosten (1.480DM/ha) auf der begrünten Brache und der höchsten Stilllegungsausgleichszahlung von 839 DM/ha, wäre eine reine Flächenstilllegung rentabler als der Anbau von Non-Food-Raps.

	Energieraps 40 dt/ha	Stilllegung
Gesamtkosten	2.432 DM/ha	1.480 bis 1.580 DM/ha
Stilllegungsprämie	540 bis 839 DM/ha	540 bis 839 DM/ha
Erlös bei 25 DM/dt	1.000 DM/ha	0
Ergebnis	-539 bis -892 DM/ha	-641 bis -1.049 DM/ha
Erlös bei 40 DM/dt	1.600 DM/ha	0
Ergebnis	7 bis -292 DM/ha	

Tab. 4: Vergleich der Anbaukosten von Energieraps und reiner Stilllegung
Quelle: Eigene Darstellung, nach UFOP 2001.

---

78 Vgl. Ebenda, S. 45.

Zu sehen ist jedoch auch, dass selbst bei einem Höchstpreis für Non-Food-Raps von 40 DM/dt und der großzügigsten Stilllegungsprämie das Gewinnergebnis sich auf 7 DM/ha beläuft. Nach Annahme der UFOP ist auch für die Produktion von Raps auf Stilllegungsflächen der kostendeckende Erzeugerpreis von 43,8 DM/dt erforderlich. Nach deren Einschätzung ist davon auszugehen, dass in den kommenden Jahren der wachsende Rohstoffbedarf der Biodiesel-Industrie auch aus dem Food-Rapsanbau auf Primärflächen gedeckt werden wird, um die Einschränkungen des Blair-House-Abkommens zu umgehen. Die Marktpreisdifferenz von Food- und Non-Food-Raps wird sich zukünftig verringern und der Erzeugerpreis für den von den Biodiesel Herstellern benötigten Raps wird sich stärker auf Angebot und Nachfrage ausrichten und somit die Preise von Biodiesel entsprechend regulieren.[79]

> *Die ifo - Studie*

Auch die Studie, die vom ifo-Institut in München 2001 erstellt wurde, geht davon aus, dass als Folge des wachsenden Biodieselmarktes in Deutschland Raps für die industrielle Verwertung zu etwa 50 % auf herkömmlichen Food-Flächen angebaut werden wird.[80] Flächenbeihilfen und Stilllegungsprämien werden in dieser Studie nicht berücksichtigt. Die beiden konkurrierenden Produkte des Non-Food- und des Food-Raps unterliegen beim Anbau ähnlichen Wettbewerbsbedingungen. Für das Jahr 2003 gleichen sich die Prämiensätze für die Stilllegung und die Beihilfen, abgesehen von den Bundesländern Bayern und Baden-Württemberg, so dass sich nach Einschätzung der Studie keine wesentlichen Unterschiede, weder für die Landwirte noch für den Staat ergeben.[81] Die ifo-Studie will der Tatsache stark variierender Preisniveaus Rechnung tragen und formuliert dementsprechend drei unterschiedliche Preisvarianten.

Niedrigpreisniveau:	12,0 €/dt
Mittleres Preisniveau:	18,2 €/dt
Hochpreisniveau:	23,3 €/dt

Tab. 5: Erzeugerpreise für Non-Food-Raps

---

79 Vgl. Ebenda, S. 45.
80 Vgl. ifo (Institut für Wirtschaftsforschung): Gesamtwirtschaftliche Bewertung des Rapsanbaus zur Biodieselproduktion in Deutschland, S. 5.
81 Vgl. UFOP, Bericht 2001/2002, S. 20.

Der Mittelwert von knapp 18 € entspricht dem relativen Preis (gemittelt) für die letzten Jahre, das Niedrigpreisniveau eher den Annahmen des Umweltbundesamtes und der hohe Preis ist vergleichbar mit dem der UFOP-Studie. Die drei Preisvarianten machen deutlich, dass der Umfang des Anbaus von Raps für die industrielle Verwendung entscheidend davon abhängt, wie der Landwirt die zukünftigen Ernteerträge, die Nachfragesituation und die Erzeugerpreise einschätzen wird.

➤ Situation der Landwirte

Anhand der drei Studien lässt sich erkennen, dass die Annahmen und Daten mit denen die Kostenanalysen durchgeführt wurden, sich stark unterscheiden. Was aber aus ersichtlichem Grund allen Untersuchungen gemein ist, ist die Tatsache, dass für die Landwirte erst bei der Erwirtschaftung hoher Preise der Anbau von Non-Food-Raps lohnend ist. Erst die Stilllegungsprämie ermöglichte den Anbau von Non-Food-Raps und bei manchen Kritikern, wird bei einer Aufhebung der Stilllegungsverpflichtung von dem Verlust der Anbauwürdigkeit ausgegangen.[82]

Ein Mehrertrag pro Hektar bedeutet nämlich nicht zwangsläufig einen „Mehrerlös" (siehe UBA-Gutachten Tab. 2). Dementsprechend ist das Primärziel der Landwirte, höhere Preise pro Dezitonne Raps zu erwirtschaften. Dies jedoch impliziert für die großindustriellen Ölmühlen höhere Kosten, was wiederum die Bereitstellungskosten von Biodiesel ansteigen lassen wird.

Wie eingangs der ökonomischen Analyse erwähnt, bildet der Preis für die Verbraucher sozusagen die Basis der Entscheidung für oder gegen Biodiesel. Der Kreis der Biodieselnutzer muss stetig steigen, damit sich die Investitionen von Landwirten und Ölmühlenbesitzern in die Herstellung von Energieraps und RME rentieren. Aufgrund dessen sollten die Landwirte die Wettbewerbsfähigkeit von Non-Food-Raps durch Kosteneinsparungen erhöhen – nicht durch Preiserhöhungen. Gentechnisch veränderte Pflanzen und Saatgut scheinen hier eine zukunftsfähige Lösung anzubieten. Über die Hälfte der variablen Kosten werden beim Anbau für Düngung und Pflanzenschutz ausgegeben (Siehe Tab. 2 & Tab 3). Schädlingsresistente, ertragreichere und ölhaltigere Rapspflanzen könnten diese Kosten deutlich senken.

Die Bundesregierung rechnet damit, laut Aussage von Verbraucherschutzministerin Renate Künast, dass gentechnisch veränderte Agrarprodukte innerhalb der EU ab dem Sommer 2003 zugelassen werden.[83] Derzeit liegen in Brüssel etwa 20 Anträge für die Zulassung gentechnisch veränderter Organismen für Mais und Raps vor. Die Frage wie sich diese

---

82 Vgl. Bundesforschungsanstalt für Landwirtschaft (FAL): Modellgestützte Folgenabschätzung zu den Auswirkungen der Agenda 2000 auf die deutsche Landwirtschaft, S. 21.
83 Vgl. Frankfurter Rundschau, Genpflanzenanbau offenbar bald erlaubt, 3. März, 2003, Nr. 52, S. 19.

manipulierten Pflanzen hinsichtlich Ertrag von Öl oder Mehrertrag pro Hektar entwickeln werden ist fraglich und bleibt abzusehen. Der TÜV Bayern geht von einem Mehrertrag an Öl pro Hektar von über 30 % aus.[84] Eine verbesserte Schädlingsresistenz würde sich aber wohl auch auf eine verminderte Ausbringung der Stickstoffdüngung auswirken und hätte somit niedrigere N_2O-Emissionen zur Folge. Es existieren heute bereits gentechnisch veränderte Rapssorten mit hoher Anreicherung bestimmter Fettsäuren, die den Energie- und Arbeitsaufwand bei der Reinigung und Ölgewinnung reduzieren.[85]

3.1.2.2. Ölgewinnung, Umesterung und Kuppelprodukte

Die Produktion von RME aus der Rapssaat erfordert weitere Prozessschritte, bei denen Kosten, aber durch die Entstehung von Kuppelprodukten auch Erlöse anfallen. Rapsschrot ist das erste unmittelbare Kuppelprodukt, dass bei der Pressung der Rapssamen in der Ölmühle entsteht. Diese Ölmühlen sind von unterschiedlicher Größe und bei der Gewinnung des Öls unterschiedlich effizient. In zunehmendem Maße, da wirtschaftlicher, findet die Pressung in großindustriellen Ölmühlen statt. Durch ein kombiniertes Press-Extraktionsverfahren werden über 98 % des in der Rapssaat enthaltenen Öls gewonnen.[86] In diesen großtechnischen Mühlen werden aus 100 kg Rapssaat 39,4 kg Rapsöl gewonnen. Das entspricht einer benötigten Menge von 253,8 kg Rapssaat für die Herstellung von 100 kg gepresstem Öl. Die Kosten der Ölgewinnung liegen zwischen 2,5 € und 3,5 € pro dt Rapssaat. Bei der Produktion von 100 kg Rapsöl fallen als Nebenprodukt etwa 152 kg Rapsschrot, auch Presskuchen genannt, an.[87] Das verbleibende Rapsschrot ist ein hochwertiges eiweißhaltiges Futtermittel für Rinder und Schweine. Das Schrot kann auch als Substitut für Sojaschrot angeführt werden, das häufig importiert werden muss. Der Preis für Schrot ist in der Vergangenheit instabil gewesen, aber es kann ein durchschnittlicher Marktpreis von etwa 12,5 €/dt Rapsschrot bzw. von 19 €/dt erzeugtem Rapsöl zugrundegelegt werden (Siehe auch Tab. 6 im nachfolgenden Abschnitt).

Das jetzt gewonnene rohe Rapsöl kann aber noch nicht als funktionables Dieselsubstitut gelten, da aufgrund von Unreinheiten der Gebrauch von Rapsöl zu Ablagerungen an den Einspritzpumpen und zu einer Verklebung der Einspritzdüsen führt. Nur in großvolumigen Vorkammer-Dieselmotoren, wie in Schleppern, Traktoren oder anderen landwirtschaftlichen Maschinen, oder in speziell für Pflanzenöl konzipierten Motoren, wie der Elsbett-Motor, lässt sich unbehandeltes Rapsöl einigermaßen unbedenklich einsetzen.[88] Folglich

---

84 Vgl. TÜV Bayern: a. a. O., S. 17.
85 Vgl. BMBF, Science live: Perspektiven moderner Biotechnologie und Gentechnik, S. 36 f.
86 Vgl. Brocks, F.: a. a. O., S. 14.
87 Vgl. Ebenda, S. 16.
88 Vgl. Goerke, D.: Ansatzpunkte zur Verbesserung der Wettbewerbsfähigkeit von Pflanzenöl als Treibstoff gegenüber Dieselkraftstoff, S. 18.

müssen die ungelösten Bestandteile und Fettbegleitstoffe durch einen Raffinationsprozess beseitigt werden. Anschließend an diese Raffination wird durch eine einfache chemische Reaktion das Pflanzenöl (aufgrund von Kostengründen) meist mit Methylalkohol vermischt. Bei diesem Umesterung genannten Prozess entsteht einerseits Rapsölfettsäure-Methylester (RME) und als zweites Kuppelprodukt hochwertiges Rohglyzerin.

Die Kosten der Umesterung in einer großindustriellen Ölmühle liegen zwischen 10 und 13 €/dt Rapsöl.[89] Bei diesem chemischen Prozess werden ungefähr 0,106 kg Glycerin pro 1 kg Rapsöl gewonnen. Abzüglich der Kosten für die Reinigung, Vertrieb, etc. ergibt sich bei dem Verkauf von Glycerin ein Reinerlös von 6 bis 7€/dt Rapsöl. In nachfolgender Tab. 6 sind die Kosten und Erlöse aufgestellt.

In der ifo-Studie wird zusätzlich dezidiert auf die Imkereiwirtschaft als Profiteur des Rapsanbaus hingewiesen. Denn für eine gute Ernte ist die Präsenz blütenbestäubender Insekten notwendig, was durch forcierte Aktivitäten der Imker sichergestellt werden kann. Zusätzliche Erträge der Imker können somit als mittelbare Kuppelprodukte der Herstellung von Biodiesel angeführt werden. Die Studie plädiert dafür, die dadurch erzielten Mehrerträge der Imkereiwirtschaft als eine durch den verstärkten Anbau von Raps induzierte Wertschöpfung zu betrachten. Allerdings erweist sich aufgrund der dünnen Datenlage eine genaue Zurechnung als sehr schwierig.[90]

3.1.2.3. Bereitstellungskosten ab der Tankstelle

Um abschließend die Gesamtkosten für die Herstellung von Biodiesel und dessen Tankstellenendpreis festzulegen, werden noch die Transportkosten und der Ausbeutungsverlust in die Berechnungen miteinbezogen. Die Umschlag- und Transportkosten von den landwirtschaftlichen Betrieben zu den Ölmühlen liegen zwischen 1 und 2,5 €/dt Rapssaat. Die Kosten für die Herstellung von Rapsöl und die Umesterung zu Biodiesel sind im vorherigen Abschnitt schon näher erläutert worden.

Bei der Berechnung der Bereitstellungskosten wird hier von einem Preisniveau des Non-Food-Raps zwischen 13 und 21,5 €/dt Rapssaat ausgegangen, um somit die differenten Preise der einzelnen Studien zu berücksichtigen. Bei der Ermittlung der Rohstoffkosten pro 100 kg Rapsöl zwischen 42 € und 70 € (gerundete Werte) entspricht der Multiplikator den Mengen an Rapssaat (253,8 kg), die bei einer Pressung notwendig sind, um 100 kg Rapsöl zu gewinnen. Abzüglich des Erlöses aus dem Verkauf von Rapsschrot liegen die Herstellkosten für rohes Rapsöl zwischen 24 € und 51 €.

---

89 Vgl. Folkers, C.: a. a. O., S. 62.
90 Vgl. Ifo-Studie: a. a. O., S. 6.

Preis für Non-Food-Raps	€/dt Rapssaat	13,5 bis 21,5
Umschlag- & Transportkosten zur Ölmühle	€/dt Rapssaat	1 bis 2,5
Kosten der Ölgewinnung	€/dt Rapssaat	2,5 bis 3,5
Summe	€/dt Rapssaat	17 bis 27,5
		*2,538
Rohstoffkosten	€/dt Rapsöl	43,146 bis 69,795
Erlös für Rapsschrot	€/dt Rapsöl	-19
Herstellkosten für rohes Rapsöl	€/dt Rapsöl	24 bis 51
Ausbeutungsverlust	€/dt Rapsöl	0,5 bis 1
Kosten der Umesterung inkl. Teilraffination	€/dt Rapsöl	10 bis 13
Erlös des Glycerins	€/dt Rapsöl	-6 bis -7
Herstellkosten für Biodiesel	€/dt Biodiesel	28,5 bis 58
		*0,883
Kosten in Liter	€/100 l Biodiesel	25,1655 bis 51,214
Verwaltungs-, Transport- und Vertriebskosten	€/100 l Biodiesel	9 bis 10,5
Bereitstellungskosten Tankstelle (ohne MwSt.)	€/100 l Biodiesel	34,2 bis 61,7 (gerundet)

Tab. 6: Bereitstellungskosten für Biodiesel (RME)
Quelle: Eigene Berechnung nach UBA 1999 & Brocks 2001

Die Herstellkosten für RME betragen nach Abzug der Gewinne für den Verkauf des Glycerins mindestens 28,5 € und maximal 58 €. Da Biodiesel jedoch eine Dichte von 0,883 kg/l hat, müssen die Kosten mit diesem Faktor multipliziert werden. Zuzüglich der Verwaltungs- und Transportkosten zu den Tankstellen, liegt der Verbraucherendpreis von Biodiesel zwischen 34,2 € und 61,7 €.

Zum heutigen Zeitpunkt wird ein Liter Dieselkraftstoff zu 0,9 € ausgegeben und ein Liter Biodiesel zu etwa 0,8 €. Der höhere Preis beruht auf Faktoren, die den Preis von RME bei schwankenden Hektarerträgen stabilisieren sollen. Hinzu kommt, dass bei dem angenommenen Preis von 13,5 €/ Hektar der Anbau für die Landwirte kaum rentabel ist. Der Höchstpreis von 21,5 €/ Hektar scheint in dieser Hinsicht realistischer.

➢ *Situation der Ölmühlen/Biodieselproduzenten*

Ziel der Biodieselproduzenten ist die langfristige Ausweitung und die Erhöhung der Produktion von Biodiesel. Um Biodiesel wettbewerbsfähiger zu machen, ist es notwendig die Kosten so gering wie möglich zu halten. Bei den Landwirten scheinen gentechnisch veränderte Organismen Möglichkeiten zur Kostenreduzierung so geben. Bei den Biodieselerzeugern sieht die Situation anders aus. Skaleneffekte bei den Verarbeitungsprozessen sind erzielbar, auch wenn das Rapsöl weitestgehend in großindustriellen Mühlen gewonnen wird, da der Rohstoffumwandlungsprozess erst in den Anfängen steckt.[91] Bei einer Ausdehnung der Produktionsmengen ist im Bereich der Verwaltungs-, Transport- und Vertriebskosten mit erheblichen Skaleneffekten zu rechnen.[92] Alles im allem ist jedoch selbst bei erzielbaren *Economies of Scale* nicht damit zu rechnen, dass die Bereitstellungskosten für Biodiesel deutlich sinken werden. Es gilt zu beachten, dass die Ausdehnung der Produktionsmenge eine Preissenkung besonders für die Kuppelprodukte Rapsschrot und Glycerin zur Folge hätte. Die Absatzmärkte für Rapsschrot werden nicht auf ein größeres Angebot durch höhere Nachfrage reagieren.[93] Die deutliche Ausdehnung der anfallenden Rapsschrote könnte durch die stagnierenden Absatzkanäle nicht vollständig aufgenommen werden.

Für Glycerin lassen sich ähnliche Szenarien entwickeln. Das durch die Umesterung entstehende natürliche Glycerin steht auf dem vergleichsweise kleinen Markt einer großen Nachfrage gegenüber, da die Abnehmer sonst für die benötigte Menge das deutlich teurere synthetische Glycerin kaufen müssen. Wird der Markt aber nun durch die forcierte Produktion von RME überschwemmt, wird das synthetische Glycerin als Stabilisator eines hohen Preises, aufgrund des Überangebotes, wegbrechen.[94]

Hinzu kommt das im Rahmen der Gemeinsamen Agrarpolitik der EU und den GATT-Verhandlungen mit den Vereinigten Staaten entstandene Blair-House-Abkommen, das den maximal zu produzierenden Rapsschrot auf die Menge von einer Millionen Tonnen Sojaschrot begrenzt. Um einem Handelskonflikt zu entgehen, muss der überschüssige Presskuchen im Non-Food-/Non-Feed-Sektor verbraucht werden. Möglichkeiten wären die Verwendungen als Düngemittel oder Biomassebrennstoff. Für derartige Nutzungen lassen sich jedoch nur erheblich geringere Preise als im Futtermittelbereich realisieren. Bei einer Verwendung als organischer Dünger wird von einem erzielbaren Preis zwischen 2,6 € und 6,1 €/dt Rapsöl und bei einer thermischen Nutzung des Presskuchens als Brennstoff von

---

91 Vgl. Scheer, H.: Solare Weltwirtschaft, S. 217.
92 Vgl. Brocks, F.: a. a. O., S. 18.
93 Vgl. Grosskopf, W./Kappelmann, K.-H.: Analyse des Rapsschrot-Expeller Marktes, in: Schliephake, D./Hacker, C.-M. (Hrsg.), S. 134 f.
94 Vgl. Folckers, C.: a. a. O., S. 67.

5 € bis 8 € ausgegangen, was Mindereinnahmen von bis zu 16 €/dt entsprächen (19 € Erlös für Rapsschrot).[95] Eine Verfeuerung von Rapsschrot würde die Erträge der Biodieselproduzenten somit deutlich senken.

3.1.3. Situation für den Konsumenten/Verbraucher

Die Problematik, nicht über Skaleneffekte und höhere Absatzvolumina, sondern praktisch nur über die Preissteigerung und/oder Kostensenkung über den Deckungsbeitrag hinaus zu wirtschaften, war bei Landwirten und Ölmühlen zu erkennen. Da es sich um einen Nachfragemarkt handelt, hat der Verbraucher die freie Wahl, sich für Dieselkraftstoff oder sein Substitut zu entscheiden. Entscheidungsgrundlage der meisten Verbraucher wird der Preis für das jeweilige Produkt bilden.

Daher ist anzumerken, dass selbst bei einer Preisdifferenz von mehreren Cents die Wettbewerbsfähigkeit von Biodiesel für Verbraucher nicht unbedingt gegeben ist. RME hat aufgrund seiner geringeren Dichte und der dementsprechend unterschiedlichen Heizwerte einen volumetrisch höheren Verbrauch als Dieselkraftstoff. Es wird davon ausgegangen, dass etwa 1,09 Liter benötigt werden, um einen Liter Dieselkraftstoff zu ersetzen. Somit ist die Wettbewerbsfähigkeit von Biodiesel erst dann erreicht, wenn der Tankstellenpreis von Biodiesel diese Differenz der Heizwerte widerspiegelt. Mit maximal 91,7 % des Preises von konventionellem Diesel darf RME somit bepreist werden, um aus Verbrauchersicht ein wettbewerbsfähiges Produkt darzustellen.[96] Allerdings gibt es auch hier wieder gegenläufige Meinungen, die den Mehrverbrauch für marginal halten. Dies liegt an den günstigeren Kennwerten, wie bspw. Cetanzahl und Schmierfähigkeit, die RME gegenüber Dieselkraftstoff besitzt und die einen effizienteren Motorbetrieb gestatten.[97]

Ein weiterer Faktor ist die Nähe der Tankstellen, bei denen Biodiesel angeboten wird. Ist die nächste Biodiesel-Tankstelle so weit entfernt, dass es für Verbraucher die Preisdifferenz zu Ungunsten von fossilem Diesel aufhebt, so ist nicht zu erwarten, dass im möglichen Einzugskreis Biodiesel genutzt wird.[98] Die Anzahl der Tankstellen, die Biodiesel anbieten, variieren je nach Interpretation. Dem BMWi nach gibt es über 800 Tankstellen,[99] wohingegen die UFOP mit 1.600 rechnet. Zurückzuführen ist dieser Unterschied auf die

---

95 Graf, T./Reinhold, G.: Möglichkeiten der Bereitstellung von Rapsölkraftstoff aus dezentralen Ölverarbeitungsanlagen, in: Technologie- und Förderzentrum im Kompetenzzentrum für Nachwachsende Rohstoffe (Hrsg.): S. 43.
96 Vgl. Brocks, F.: a. a. O., S. 79.
97 Vgl. UFOP: Biodiesel, Fakten Argumente Tips, S. 18.
98 Vgl. Ebenda, S. 7. Zwar fehlt eine empirische Datenanalyse, da eine solche den Rahmen der Arbeit sprengen würde, anhand der Graphik „Biodiesel flächendeckend" auf Seite 7 dieser Quelle lässt sich aber erkennen, dass die Entfernung zur nächsten Biodieseltankstelle durchaus Relevanz besitzt.
99 Vgl. BMWi, Jetzt erneuerbare Energien nutzen, S. 61.

Miteinbeziehung nicht-öffentlicher Tankstellen, die dem Normalverbraucher vorenthalten bleiben.

3.1.3.1. Umrüstkosten bei Betrieb mit Biodiesel

Die Umrüstkosten sind ein weiterer Faktor der anfällt, wenn ein Dieselfahrzeuges auf den Betrieb mit RME umgestellt wird. Nach zwei- bis dreimaligem Tanken mit Biodiesel ist es notwendig, den Kraftstofffilter auszuwechseln, da RME eine leicht ätzende Wirkung besitzt, was zu einer Ablösung von Partikelrückständen fossilen Diesels im Tank führt, die den Filter verstopfen könnten. Deshalb sollte auch bei Kontakt des biogenen Treibstoffs mit Autolack die Stelle sofort getrocknet und gesäubert werden, um so Folgeschäden wie das Ausbleichen des Lackes zu verhindern. Aufgrund dieser ätzenden Wirkung wird auch angeraten, Kraftstoffschläuche, die aus bestimmten Gummi- und Kunststoffmaterialien hergestellt wurden, durch RME-resistente Schläuche aus Fluorkautschuk zu ersetzen, um auch dort Folgeschäden zu vermeiden.[100] Ist das Fahrzeug jedoch neu und von Werk aus für den Betrieb mit Biodiesel freigegeben, bestehen hier keine Probleme, wenn das Kfz von Anfang an mit Biodiesel betankt wird. Die Kosten für eine Umrüstung sind je nach Fahrzeug verschieden. Bei Bussen der ÖPNV wurden die Kosten mit 6.500 DM protokolliert, wohingegen bei einem Taxiunternehmen die Umrüstkosten sich auf etwa 100 DM pro Auto beliefen.[101]

Heutzutage lassen sich also mit geringem Aufwand Kraftfahrzeuge biodieseltauglich umrüsten. RME, Dieselkraftstoff oder eine Mischung beider Treibstoffe überschreiten die Abgasobergrenzen nicht (näheres siehe ökologische Analyse). Es ist jedoch davon auszugehen, dass es zukünftig erforderlich sein wird, den Motor an den jeweiligen Kraftstoff anzupassen, um die schärferen Abgasnormen einhalten zu können. Durch speziell angepasste Motoren würde es bei einer Umrüstung des Motors auf Biodiesel zu erheblich Mehrkosten im Vergleich zu den heutigen Umrüstkosten kommen.[102] Vor diesem Hintergrund wird momentan eine Sensortechnik entwickelt, die die erforderliche Adaption ohne mechanische Eingriffe möglich macht. Ziel ist es, eine moderne elektronische Motormanagementeinheit (EMU) zu entwickeln, die erkennt, welcher Kraftstoff oder welches Gemisch aktuell benutzt wird, um das adäquate Motormanagement einzuleiten (Menge des eingespritzten Kraftstoffs, die Einspritzzeit oder der Einspritzverlauf). Die ersten Untersuchungen haben ergeben, dass mit Hilfe einer Sensortechnik im Kraftstofffilter durch Mes-

---

100 Vgl. UFOP: Fakten Argumente Tips, S. 22 f.
101 Vgl. TÜV Bayern, a. a. O., S. 38 ff.
102 Vgl. Munack, A./Krahl, J.: Biodieselsensorik, in: FAL (Hrsg.), Biodiesel – Potenziale, Umweltwirkungen, Praxiserfahrungen, Sonderheft 239, S. 88.

sung der Dielektrizitätszahl die Treibstoffe unterschieden werden können. Ein Prototyp eines preiswerten Sensors für die Serienproduktion wird entwickelt und getestet.[103]

3.1.3.2. Eigenschaften von Biodiesel

Der nach der Pressung und Umesterung gewonnene Kraftstoff RME ist der Treibstoff, der im allgemeinen unter Biodiesel verstanden wird. Das Zwischenprodukt Rapsöl, das auch als Treibstoff verwendet werden kann, führt bei herkömmlichen Kfz-Dieselmotoren zu Schwierigkeiten, wie bspw. eine Verschmutzung der Einspritzdüsen. Die Probleme mit naturbelassenem Öl liegen in der sehr viel höheren Viskosität, was bedeutet, dass sich das Öl nicht so fein zerstäuben lässt.

Aufgrund dieser Problematik wird von Experten nach Möglichkeiten gesucht, für naturbelassenes Pflanzenöl bestimmte Standards geltend zu machen, deren Ziel eine Qualitätssicherung ist. Um solche Kennwerte und Anforderungen zu erreichen, müssen praktikable Prüfverfahren entwickelt werden.[104]

Als Grundlage für eine Normierung von naturbelassenem Pflanzenöl werden die bereits bestehenden Normen für RME und Dieselkraftstoff herangezogen.

Für Biodiesel gilt in Deutschland seit 1997 die rechtsverbindliche Norm E DIN 51606. Momentan wird die europäische Norm DIN EN 14214 entwickelt, die dazu führen soll, dass auch dieser Treibstoff behördlichen Kontrollmaßnahmen an öffentlichen Tankstellen unterliegen wird. Die schon erfolgte Normierung von Biodiesel war eine Reaktion der Hersteller und Befürworter von RME auf die bis dahin uneinheitliche Qualität des Treibstoffs einerseits und eine Forderung der Automobilhersteller andererseits, die einer Freigabe ihrer Kraftfahrzeuge für Biodiesel nur unter den Umständen einer zugesicherten Qualität zustimmen wollten. Um die Qualitätsanforderungen zu sichern, haben in Deutschland Biodieselhersteller und Vermarkter die „Arbeitsgemeinschaft Qualitätsmanagement Biodiesel e.V." (AGQM) gegründet, um so eine Einhaltung der Normen und zusätzlicher freiwilliger Kriterien zu gewährleisten.

Bestimmte Eigenschaften von RME lassen sich durchaus dem Dieselkraftstoff als überlegen bescheinigen. Emissionsbedingte Vorteile werden in der ökologischen Analyse untersucht. Die hohe Cetanzahl (Zündwilligkeit), die deutlich höhere Schmierfähigkeit und der hohe Sauerstoffanteil resultieren in dem Ausdruck „Super-Diesel", der von Verfechtern des RME-Kraftstoffs geprägt wurde.[105] Handelsübliche Dieselkraftstoffe besitzen eine Cetanzahl von etwa 50 bis 52, wohingegen Biodiesel Werte von 56 bis 58 erreicht. Die Ei-

---

103 Vgl. Ebenda, S. 91.
104 Vgl. BaySt MELF: Begleitforschung zur Standardisierung von Rapsöl als Kraftstoff für pflanzenöltaugliche Dieselmotoren in Fahrzeugen und BHKW, S. 31.
105 Vgl. TÜV Bayern, S. 19 f.

genschmierfähigkeit von RME ist so hoch, dass eine geringe Zugabe von Biodiesel in fossilen Diesel als Schmierfähigkeitsadditiv ausreichend ist. Im Vergleich mit konventionellem Diesel erreichen Motoren, die mit RME betrieben wurden eine Verschleißminderung bis zu 60 %. Der hohe Sauerstoffanteil von etwa 11 % führt zu einem verbesserten Verbrennungsablauf im Motor und damit zu weniger Ruß. Hinzu kommt, dass die kraftstoffbedingten Rückstände im Motor deutlich reduziert werden.

Andererseits wird dem Biodiesel mangelnde Winterfestigkeit vorgeworfen, was zu einem mangelndem Kältefließvermögen bei Temperaturen unter –18 Grad Celsius führt. Durch Additive kann dieser Mangel aber wesentlich verbessert werden. Die Lagerung selbst in speziellen Tanks führt nach mehr als zwei Jahren zu deutlichen Verunreinigungen bei Biodiesel.[106]

3.1.4. Importsubstitution

Der über die letzten Jahre stetig wachsende Anbau von Ölpflanzen für die industrielle Verwertung und der immer größer werdende Absatzmarkt für Biodiesel werden von den Befürwortern der RME-Nutzung als Argument dafür verwandt, dass Abhängigkeiten, gerade von den eher instabilen Weltmärkten fossiler Energieträger, durch die Produktion alternativer Kraftstoffe auf nationaler und regionaler Ebene vermieden werden können. Die Pflanzenöltechnologie wird als wichtige Option für eine Weiterentwicklung alternativer Kraftstoffeinsätze gesehen. Sie bietet einen wichtigen Beitrag für mehr Unabhängigkeit von fossilen Ressourcen und erhöht die Versorgungssicherheit.

	1999
Straßenverkehr	25.574
Landwirtschaft	1.730
Schiffahrt und Fischerei	298
Schienenverkehr	580
Militärverbrauch	54
Stationäre und ortbewegliche Motoren sowie nichtmotorische Zwecke	539
Gesamt	28.775

Tab. 7: Sektoraler Verbrauch von Dieselkraftstoff in der Bundesrepublik Deutschland (in 1000 t)
Quelle: Mineralölwirtschaftsverband 2000, nach Brocks 2001

---

106 Vgl. Wörgetter, M.: Eigenschaften von Biodiesel, in: FAL (Hrsg.): Fachtagung Biodiesel, S. 38 ff.

Die Wohlfahrt wird sowohl durch Stärkung der inländischen Produktion von alternativen Energieträger als auch durch Verminderung von Importen erhöht.[107]

Die UFOP geht davon aus, dass sich schon jetzt ohne weiteres mehr als 5 % des Dieselverbrauchs durch Biodiesel substituieren ließe, unter der Vorraussetzung, dass die exportierten Rapsölmengen im Land verbleiben und zu RME verarbeitet würden. Mittel- bis langfristig dürften nach deren Schätzungen etwa 10 % Biodiesel-Anteil am gesamten Dieselverbrauch realistisch sein.[108] Es gibt sogar Annahmen bei denen Szenarien von einer 25 % Bedarfsdeckung des Dieselkraftstoffs durch RME und sonstige Pflanzenöle ausgehen.[109]

Tab. 7 stellt den Verbrauch von Dieselkraftstoff nach Sektoren untergliedert in Deutschland im Jahr 1999 dar. In der Summe wurden über 28 Millionen Tonnen fossiler Mineraldiesel verbraucht. Anhand der Daten, die von den Befürwortern biogenen Treibstoffs stammen, wird die prozentuale Menge des produzierten Biodiesels 2002 an dem Gesamtverbrauch von Dieselkraftstoff gemessen.

Es wird von einer Anbaufläche von 660.000 ha ausgegangen (siehe Kap.2.4.4. Tab. 1) und von einem durchschnittlichen Ertrag von 40 dt/ha (siehe Kap.3.1.2. UFOP-Studie). Das Ergebnis ist, dass durch die Ernte 2002 etwa 2.640.000 Tonnen Non-Food-Raps erwirtschaftet werden konnte. Die Annahmen hinsichtlich der Ölgewinnungsquote von 39 kg pro 100 kg Rapssaat entsprechen sich auch in den gegensätzlichen Studien. Bei einem Rapssaatertrag von 40 dt/ha können 1,56 t Rapsöl pro Hektar gewonnen werden. Somit konnten aus der Ernte 2002 ungefähr 1.029.600 Tonnen Rapsöl hergestellt werden. Etwa ein Viertel des gepressten Öls (257.000 t) werden anderen industriellen Zwecken zugeführt.[110] Verwendungen als Hydraulik- oder Schmieröl sowie oleochemische Nutzung stehen hierbei im Vordergrund. Infolge dessen werden 772.600 t Rapsöl zu Biodiesel umestert.

Aufgrund von Ausbeutungsverlusten bei der Weiterverarbeitung von etwa einem Prozent entstehen 764.800 t RME. Damit der Biodiesel als vollständiges Substitut gelten kann, muss er dem Dieselkraftstoff auch im Volumen äquivalent sein. Folglich muss die geringere Dichte des produzierten Biodiesel in die Berechnungen mit einbezogen werden, um als Dieselkraftstoffäquivalent (DKÄ) zu gelten. Schlussendlich wurden auf Grundlage der Ernte 2002 etwa 675.000 Tonnen DKÄ produziert, die eben jene Menge Dieselkraftstoff substituieren können.

---

107 Vgl. Bockey, D.: Perspektiven für Rapsölkraftstoff in der EU, in: Technologie- und Förderzentrum im Kompetenzzentrum für Nachwachsende Rohstoffe (Hrsg.): S. 19.
108 Vgl. UFOP aktuell: Argumente die zählen, S. 28.
109 Vgl. TÜV Bayern: a. a. O., S. 9.
110 Vgl. Brenndörfer, M.: a. a. O., S. 23.

Wie durch den Vergleich der Untersuchungen zu sehen war, sind die hier verwendeten Daten hinsichtlich ihrer Aussage sehr zugunsten der Raps- und RME-Produzenten auszulegen, da den Kennzahlen sehr positive Einschätzungen hinsichtlich der Anbaufläche und des erzielbaren Ertrags zugrunde liegen. Selbst bei diesen Zahlen, bei denen sich das Gesamtvolumen des erzeugten RME auf beachtliche 675.000 Tonnen beläuft, können lediglich 2,35 % des Dieselkraftstoffverbrauchs substituiert werden. In Deutschland wurden 2001 auf dem Verkehrssektor rund 67 Millionen Tonnen fossiler Kraftstoff verbraucht.[111] Hier zeigt sich die Diskrepanz noch stärker, denn Biodiesel substituiert auf dem Verkehrssektor unter wohlwollenden Annahmen gerade 1 % der fossilen Treibstoffe.

		Daten FNR & UFOP	10 % Substitutionsquote
Anbaufläche von Non-Food-Raps 2002	ha	660.000	2.700.000
Durchschnittlicher Ertrag	dt/ha	40	40
Rapsernte von Non-Food-Pflanzen 2002	t	2.640.000	10.800.000
Ölgewinnungsquote pro 100 kg Rapssaat	kg	39	39
Ölertrag pro Hektar Rapssaat	t	1,56	1,56
Ölertrag der Ernte 2002	t	1.029.600	4.212.000
Verwendungen für sonstige industrielle Zwecke (ca. 25 %)	t	257.000	1.053.000
Rapsöl für die Weiterverarbeitung zu RME	t	772.600	3.159.000
Ausbeutungsverluste bei der RME-Herstellung (ca. 1 %)	t	7.726	31.590
Rapsölmethylester frei ab Ölmühle	t	764.800	3.127.410
RME-Dichte	kg/l	*0,883	
Dieselkraftstoffäquivalent in t	t	675.000	2.761.503
Gesamtverbrauch Dieselkraftstoff/ Verkehrssektor	t	28.775.000	28.775.000
Substitutionsquote in %	%	2,35	9,6

Tab. 8: Substitutionsquote von Biodiesel am Gesamtverbrauch von Dieselkraftstoff in %
Quelle: Eigene Berechnungen auf Grundlage: FNR-Jahresbericht 2001/2002; UFOP-Studie 2001; Brocks 2001.

---

111 Eigene Berechnungen nach Daten aus BMWi Energiebericht, S. 73, S. 88, S. 106.

Es zeigt sich also, dass selbst auf nationaler Ebene eine Entlastung der Abhängigkeit durch die Substitution von Dieselkraftstoff kaum fühlbar ist.[112]

Wird nun die Zielsetzung zugrunde gelegt, 10 % des fossilen Dieseltreibstoffs substituieren zu können, muss erkannt werden, dass dies eine Anbaufläche für Non-Food-Raps von mindestens 2.700.000 ha benötigen würde. Dies entspräche einer Fläche von ungefähr 23 % der gesamten Ackerfläche Deutschlands, die in etwa 11.836.000 ha beträgt.[113] Im Hinblick auf die Tatsache der Fruchtfolgerestriktion von Raps wäre dies prinzipiell die maximale Fläche, auf der überhaupt Raps angebaut werden könnte.

Es ist anzuführen, dass ein so großflächiger Anbau auch in ungünstigeren Anbaustandorten betrieben werden müsste, in denen bei weitem nicht ein Ertrag von 40dt/ha zu erwarten ist. Dies hätte zur Folge, dass wiederum mehr Fläche bepflanzt werden müsste, um das Substitutionsziel von 10 % zu erreichen. Monokulturen von Getreide- und Rapssaaten würden die deutsche Landwirtschaft negativ bestimmen.

Ein Vorteil des intensiven Anbaus von Non-Food-Raps liegt, nach Meinung der Befürworter, hingegen darin, dass nicht nur eine Importsubstitution von Mineralölen stattfindet, es werden auch zu importierende Futtermittel ersetzt. Das bei der Herstellung von RME entstehende Futtermittel Rapskuchen bzw. -schrot verdrängt den teuren Import von Sojaschroten, die ebenso als Futtermittel verwendet werden.[114]

Von Relevanz wird hinsichtlich dieser Argumentation die Analyse in Abschnitt 3.1.2.3., bei der festgestellt wurde, dass bei einer starken Ausweitung des Non-Food-Rapsanbaus mit einem Verfall der Preise für die Nebenprodukte, d.h. Rapsschrot und Glycerin zu rechnen ist.

3.1.5. Steuermindereinnahmen durch Subventionspolitik

Ein weiterer Diskussionspunkt, der immer wieder angeführt wird, ist die Frage nach den Subventionen und Steuererleichterungen, die der Staat den Landwirten und den Erzeugern von Biodiesel zukommen lässt. Die Befürworter argumentieren dahingehend, dass für das Produkt Biodiesel und den Prozess seiner Herstellung keinerlei Subventionen gezahlt werden. Gemäß der UFOP sind die an Landwirte vergebenen Ausgleichzahlungen und Stilllegungsprämien soziostrukturell bedingte Einkommensstützungen und der Verkaufspreis von Biodiesel soll von den Strukturhilfezahlungen losgelöst betrachtet werden. Der Anbau von

---

112 Vgl. Nitsch, M.: Treibstoff aus Raps, Ein energie- und landwirtschaftlicher Irrweg, in: Das Solarzeitalter, S. 10.
113 Eigene Berechnung nach Daten aus Folkers, C., S. 52.
114 Vgl. UFOP: Fakten Argumente Tips, S. 9.

Non-Food-Raps bietet eine interessante Alternative zur Flächenstilllegung und ist eine Form der Landschaftspflege.[115]

Primäres Ziel der Flächenstilllegung und der damit verbundenen Prämie war die Reduzierung der Nahrungsmittelproduktion in Europa (siehe Abschnitt 2.4.3.). Die Zahlung ist somit in erster Linie als Prämie für den Verzicht auf den Anbau von Nahrungsmitteln zu sehen und zielt nicht speziell auf die Unterstützung des Anbaus von Non-Food-Raps. Daraus resultierende positive Wirkungen für die Umwelt können als erfreulicher Nebeneffekt gewertet werden. Die Stilllegungsprämie ist ein Pauschaltransfer und wird generell bei dem Anbau von nachwachsenden Rohstoffen für Non-Food-Verwendungen oder bei der reinen Flächenstilllegung gezahlt. Aufgrund dessen kann sie nicht als spezielle Subvention für den Anbau von Non-Food-Raps oder sogar für Biodiesel gelten; auch die Wiedergewinnung von Naturraum ist Ziel der Flächenstilllegung.[116]

Anders sieht es hingegen mit der Befreiung von der Mineralölsteuer aus. Die Bundesregierung hat sich auf Grundlage der „Biofuels-Richtlinie" entschlossen, bis Ende 2008 keine Mineralölsteuer auf Biokraftstoffe zu erheben (Siehe Kap. 2.4.2.). Die Steuerbefreiung ist ein Instrument, dass durch Verzicht auf die Mineralölsteuer den Verkauf von Biodiesel unterstützt und kann als direkte Subvention betrachtet werden. Das Argument der Befürworter, die Befreiung sei deshalb rechtens, da RME als nachwachsender Energieträger zur Ressourcenschonung beiträgt, greift nur bedingt, weil der originären Mineralölsteuer keine umwelt- oder ressourcenpolitischen Überlegungen zugrunde lagen, sondern sie als reine Finanzsteuer konzipiert gewesen ist.[117] Erst seit der ökologischen Steuerreform schließen die erhobenen Steuern auf Kraftstoffe auch andere Zielsetzungen mit ein.

Die ifo-Studie geht von einem Mineralölsteuersatz von 0,47 € pro Liter Dieselkraftstoff aus.[118] Einen solchen Steuersatz auf den Tankstellenendpreis für Biodiesel zu erheben, würde zweifelsohne ein Ende des RME als Alternativkraftstoff bedeuten. Die Preisdifferenz zugunsten von Biodiesel ist ausschlaggebend für die Entscheidung des Endverbrauchers, diesen zu tanken. Bei gleichem Steuersatz für alle Treibstoffe wäre der Preis für Biodiesel um etwa 0,4 € pro Liter höher als der für konventionellen Dieselkraftstoff. RME wäre somit augenscheinlich nicht mehr wettbewerbsfähig und würde fast gänzlich den Markt räumen müssen. Die Nichterhebung der Mineralölsteuer kommt daher den Landwirten, die Non-Food-Raps anbauen, zugute und ist für das Fortbestehen besonders der Ölmühlen und Produzenten von Biodiesel elementar.

---

115 Vgl. UFOP: Argumente die zählen., S. 32 f.
116 Vgl. Brocks, F.: a. a. O., S. 24 f.
117 Vgl. Ebenda, S. 56.
118 Vgl. ifo-Studie: a. a. O., S. 9.

Dem Staat als Steuermonopol entgehen durch die Nichterhebung Einnahmen in Millionenhöhe. Wird von eine Produktionshöhe von 675.000 Tonnen RME im Jahr 2002, wie in Kap. 3.1.2. errechnet, ausgegangen und mit dem von der ifo-Studie errechneten Mineralölsteuersatz von 0,47 €/l multipliziert, so führt dies zu Mindereinnahmen von 317.250.000 € für das Jahr 2002. Es ist davon auszugehen, dass die Steuerverluste aufgrund der anzunehmenden höheren Biodieselabsätze und den steigenden Mineralölsteuern in den kommenden Jahren weiter steigen werden. Die ifo-Studie kommt jedoch zu dem Schluss, dass durch Steuerrückflüsse, Einnahmen der Sozialversicherung und Einsparungen der Interventionskosten, die sich durch einen Beschäftigungszuwachs aufgrund der Biodieselproduktion ergaben, bis zu 83 % der staatlichen Mindereinnahmen kompensiert werden können.[119] Die entgangenen Steuereinnahmen belaufen sich selbst nach Abzug der gemutmaßten 83%igen Kompensation auf über 53 Mio. € (317 Mio. € * 0,17). Inwieweit jedoch Einkommen der Raps anbauenden Landwirte und der Imker aus unselbstständiger Arbeit und Unternehmereinkommen der Produktionskette Raps-Biodiesel zugerechnet werden können, ist jedoch problematisch und wird in der gesellschaftlichen Analyse näher hinterfragt.

Die Steuerfreistellung einerseits und die Tatsache, dass die ersten Produktionsschritte bei der Erzeugung von Biodiesel auf einem gesamt gesehen defizitär wirtschaftenden Sektor stattfinden, führen zu dem Schluss, dass auf einem liberalisierten Markt Biodiesel als nicht wettbewerbsfähig gelten kann.

3.1.6. Zusammenfassung der ökonomischen Analyse

Nach der Analyse ergibt sich die Frage, inwieweit die Biodieselproduktion als ökonomisch nachhaltig gelten kann. Es lässt sich nach dem Betrachten der Herstellkosten für Rapsöl und RME sowie von einzel- und gesamtwirtschaftlichen Faktoren die Aussage treffen, dass der Nutzen, den die Wertschöpfungskette Biodiesel erzeugt, doch sehr ungleich auf die einzelnen Akteure verteilt ist.

Für die Landwirte, die für industrielle Verwendungen Non-Food-Raps pflanzen, sind die Anbaukosten sowie der Ertrag pro Hektar und ganz besonders der Verkaufspreis entscheidend. Es ist ein Dilemma, dass hinsichtlich der relevantesten Kennzahlen und Daten bei den untersuchten Studien ein starker Dissens vorherrscht. Die höchsten Kosten, die bei der Produktion von Biodiesel anfallen, liegen unterschiedlichen Ausgangspunkten und Ansichten zugrunde. Als sicher kann jedoch gelten, dass die Biodieselproduktion in den letzten drei bis vier Jahren stark ausgeweitet wurde und kontinuierlich höhere Absätze erzielt wurden.[120] Für die Landwirte scheint Non-Food-Raps aufgrund seines Vorfruchtwertes und

---

119 Vgl. Ebenda, S. 8 f.
120 Vgl. Scharmer, K.: a. a. O, S. 6; ifo-Studie: a. a. O., S. 3.

der Möglichkeit, zusätzlich zur Stilllegungsprämie Erträge zu erwirtschaften eine interessante Alternative zur reinen Flächenstilllegung zu sein. Es muss beachtet werden, dass bei dem Versuch, die Nachfrage weiter zu steigern der Preis der Rapssaat kein Hochpreisniveau erreichen kann und darf. Daher werden voraussichtlich nur die großen und standortbegünstigten Betriebe in der Lage sein, trotz geringer Verkaufspreise den Anbau von Non-Food-Raps wirtschaftlich zu betreiben.[121] Es ist jedoch zu erwähnen, dass durch gentechnisch veränderte Rapssorten die Anbaukosten sinken und die Erträge steigen könnten und somit den kleineren landwirtschaftlichen Betrieben die Bepflanzung mit Non-Food-Raps weiterhin möglich ist.

Die Ölmühlen werden bei einer Intensivierung der Biodieselproduktion beachtliche Skaleneffekte mittels Großanlagen realisieren müssen, um den abzusehenden Preisverfall der Kuppelprodukte Rapskuchen und Glycerin, der bei einer erheblichen Ausweitung der Produktionsmengen auftreten wird, auszugleichen.

Durch die im Rahmen der „Biofuels-Richtlinie" von der Bundesregierung verabschiedete Steuerbefreiung bis Ende 2008 auf Biokraftstoffe und deren Beimischungsanteile sowie der Zielsetzung der EU, bis 2010 5,75 % der Otto- und Dieselkraftstoffe durch biogene Treibstoffe zu substituieren, wird es sich für die Landwirte und die Produzenten weiterhin lohnen, Biodiesel zu produzieren.

Für den Verbraucher, der sein Kraftfahrzeug mit RME betankt, ist bei einer Preisdifferenz, die den momentanen Verhältnissen der Tankstellenendpreise entspricht, ein Nutzengewinn realisiert. Dies nur unter der Voraussetzung, dass der Verbrauch, den das Erreichen der nächsten Biodiesel-Tankstelle nach sich zieht, nicht die Preisdifferenz überschreitet, die sich mit dem Betanken von RME zugunsten von Biodiesel erzielen lässt. Wird die Qualitätsnorm des Substituts eingehalten so ist durch die erwähnten Eigenschaften von Biodiesel (höhere Cetanzahl, Verschleißminderung von bis zu 60 %, etc.) für den Verbraucher weiterer Nutzen realisiert.

Zum Erreichen ökonomischer Nachhaltigkeit steht jedoch die Erhöhung der Wohlfahrt im Vordergrund. Diese wird nur dann realisiert, wenn die ausweitende Schere zwischen einzelwirtschaftlicher und gesamtwirtschaftlicher Rationalität verhindert wird. Eine sich erweiternde Schere wird bei der Förderung des Anbaus von Non-Food-Raps durch Stilllegungsprämien und besonders durch die Steuerfreistellung nicht verhindert, sondern eher praktiziert. Durch die Nichterhebung der Mineralölsteuer entgingen dem Staat, selbst unter den Annahmen der ifo-Studie, allein 2002 über 53 Millionen Euro mit steigender Tendenz. Demgegenüber ist gezeigt worden, dass selbst bei massiver Ausweitung des Anbaus von Non-Food-Raps auf den Ackerflächen Deutschlands bis an die Fruchtfolgegrenzen der Import von Dieselkraftstoff nur zu etwa 10 %–13 % substituiert werden könnte. Dement-

---

121 Vgl. Brocks, F.: a. a. O., S. 13.

sprechend wird auch die im Rahmen der „Biofuels-Richtlinie" propagierte Zahl von 5,75 % Biokraftstoffanteil bis 2005 am Gesamtverbrauch von Kraftstoffen auf dem Verkehrssektor kaum machbar sein.

Es lässt sich abschließend sagen, dass Biodiesel im Hinblick auf die Gesamtwohlfahrt nicht als ökonomisch nachhaltig bezeichnet werden kann. Im Hinblick auf die einzelwirtschaftliche Rationalität ergeben sich durchaus ökonomische Vorteile und Nutzen, die sich aber der gesamtgesellschaftlichen Wohlfahrt, gerade hinsichtlich nachhaltiger Entwicklung, unterordnen müssen. Die Möglichkeiten der Substitution von Dieselkraftstoff sind längerfristig gesehen eindeutig begrenzt. Durch die Subventionen und die Steuermindereinnahmen wird die Frage nach den Opportunitätskosten noch interessanter. Die ökologische und gesellschaftliche Bewertung hinsichtlich nachhaltiger Kriterien erfolgt zunächst, um die Frage nachhaltiger Entwicklung durch den Alternativtreibstoff Biodiesel umfassender zu beantworten.

3.2. Ökologische Bewertung

Ökologisch nachhaltige Entwicklung sieht in der Überforderung der Ausgleichsmechanismen der Umwelt und möglicher Irreversibilität ökologischer Prozesse die Gefahr, dass die Stabilität der Umweltfunktionen und deren Konstanz nicht mehr gegeben sein könnte. Die allgemeinen Umweltfunktionen zu erhalten, deren Aufgabe die Bereitstellung endlicher und regenerierbarer Ressourcen und die Aufnahme und Assimilation von Emissionen und Abfällen ist, ist das angestrebte Ziel ökologischer Nachhaltigkeit. Die Verstärkung des Treibhauseffektes und die daraus resultierenden Schäden sind eindeutige Zeichen einer Instabilität. Es erhebt sich die Frage, inwieweit der Gebrauch von Biodiesel dazu beitragen kann, die Emissionsbelastung zu reduzieren und langfristig die Instabilität zu verringern.[122]

Bei der Analyse der ökologischen Kriterien von Biodiesel im Bezug auf eine nachhaltige Entwicklung stehen Vergleiche der Energiebilanzen und der Emissionswerte von Biodiesel und Dieselkraftstoff im Vordergrund. Auch wird hier, wie schon bei der ökonomischen Bewertung, die gesamte Wert- bzw. Schadschöpfungskette betrachtet. Als grundlegende Vorteile von Biodiesel gelten einerseits die Einsparung fossiler Energieträger (Ressourcenschonung) und andererseits die damit verbundene Minderung der Treibhausgase, im besonderen von Kohlendioxid (Klimaschutz).[123] Es werden die Energiebilanzen und die Schadstoffemissionen, die bei der Herstellung und dem Verbrauch von Dieselkraftstoff und Biodiesel anfallen, verglichen. Im Rahmen der ökologischen Analyse werden die in Kap. 2.2.1 vorgestellten Hauptziele nachhaltiger Entwicklung, die von der Bundesregierung als Strategiepfade vorgegeben wurden, mit den Potenzialen von Biodiesel verglichen.

---

122 Vgl. Umweltbundesamt Texte 4/93: a. a. O., S. 6 f.
123 Vgl. Folkers, C.: a. a. O., S. 1.

Da die Reduktion der Treibhausgase eines der vorrangigen Ziele nationaler und internationaler Umweltpolitik ist, soll festgestellt werden, in welchem Umfang der alternative Kraftstoff RME einen Beitrag zu der Nachhaltigkeitsstrategie der Bundesrepublik leisten kann.

3.2.1. Energiebilanzen und Schadstoffemissionen

Zunächst ist zu klären, welche Aussage ein Vergleich der Energiebilanzen hat. Die Idee ist zu zeigen, dass Biodiesel zur Ressourcenschonung beiträgt. Die Energiebilanz ist ein mengenmäßiger Vergleich von Energieeinsatz und Energieausstoß bei den Herstellungsprozessen von Biodiesel und Dieselkraftstoff einschließlich der entsprechenden Nebenprodukte und Transporte.[124]

Energiebilanzen sind jedoch immer vorsichtig zu behandeln, da es je nach Betrachtungsweise zu unterschiedlichen Aussagen kommen kann. Das liegt daran, dass bei einfachen Bilanzen lediglich die Energieinputs, d.h. die Mengen an elektrischem Strom oder an Treibstoffen erfasst werden, die in der Produktion des Energieträgers direkt verbraucht werden. Gerade bei der Energiebilanz von Biodiesel ist es aber notwendig, die gesamte Herstellungs- und Wertschöpfungskette zu betrachten, denn die Energien und die Schadstoffemissionen, die zur Produktion von RME nötig sind, fallen nicht nur in der Ölmühle, sondern auch beim Anbau von Raps, Transport etc. an.

Es gibt Kalkulationen, die auf Grundlage verfügbarer Input-Output Daten zu dem Ergebnis kommen, dass bei Energiebilanzen, die nur die direkten Energieinputs betrachten, etwa 64 % der gesamten Energiekosten vernachlässigt werden.[125] Andererseits ermöglicht die Tatsache, dass die Prozessketten in die Aufstellung einer Bilanz miteinbezogen werden, unterschiedliche Berechungsarten und Messungen, die dann bis zu einem gewissen Grade durchaus nach Auslegung interpretiert werden können. Demzufolge werden auch bei der Analyse der Energiebilanzen Studien dargestellt und untersucht, die konträre Meinungen hinsichtlich des alternativen Energieträgers Biodiesel vertreten. In den Untersuchungen wird mit Vergleichsszenarien gearbeitet. Schadstoffemissionen, die bei dem Verbrauch von Diesel und RME entstehen, werden gesondert bei dem auf diesen Abschnitt folgenden Emissionsvergleich untersucht.

3.2.1.1. Energie- und Schadstoffbilanz bei Dieselkraftstoff

Die in dieser Untersuchung betrachteten Herstellungsprozesse von Dieselkraftstoff erstrecken sich von der Exploration über die Förderung, die Aufarbeitung und den Transport des

---

124 Vgl. Umweltbundesamt Texte 4/93: a. a. O., S. 49.
125 Vgl. Folckers, C.: a. a. O., S. 137.

Rohöls sowie die Veredelung in den Raffinerien bis hin zum Transport des Produktes zu den Tankstellen.[126]

Die Exploration ist der erste Prozessschritt der notwendig ist, und sein Energieverbrauch erfordert im Vergleich zu der dann förderbaren Ölmenge einen geringen Energieaufwand, der mit weniger als 0,05 % beziffert wird. Diese Zahl spiegelt den prozentualen Energieaufwand in Bezug auf den Energieinhalt des Endproduktes wieder. Nach Angaben der Studie des Umweltbundesamtes von 1993 sind bei der Förderung und dem Transport des Rohöls die Gewinnungsorte von Bedeutung. So führen die ersten drei Prozessschritte (Exploration, Förderung und Transport) zu energetischen Aufwendungen, die aufgrund ihres Herkunftsortes (OPEC; Nordsee etc.) zu differenzieren sind. Vereinfachend wird hier nun angenommen, dass ca. 53 % des in Deutschland benötigten Mineralöls aus OPEC-Staaten importiert wird. 45 % des Öls kommen aus der Nordsee und nur 2 % werden innerhalb der Bundesrepublik gefördert. Somit kommt das Gutachten zu einem gemitteltem energetischen Aufwand von 1,6 % für die der Raffinerie vorgelagerten Prozessschritte. Innerhalb der Studie wird jedoch explizit darauf hingewiesen, dass in vorhergehenden Studien schon energetische Aufwendungen von bis zu 7 % des Energieinhaltes von Rohöl bei Förderung und Transport angesetzt wurden.[127]

Es ist auch anzumerken, dass die energetischen Aufwendungen für Exploration und Förderung nicht gleichbleibend sein können. Da dass Zeitfenster der heutzutage wirtschaftlich förderbaren Ölquellen, wie in Kap. 2.4.1 erwähnt, zwischen 25 und 55 Jahren liegt, ist davon auszugehen, dass die Suche nach neuen Ölvorräten und deren Erschließung höhere Kosten nach sich ziehen wird.

Unter der Annahme, dass das benötigte Rohöl ausschließlich in deutschen Raffinerien veredelt wird, ermittelt das Gutachten einen Aufwand von 8,3 % für die Veredelung des Rohöls. Bei einer stärkeren Veredelung des Kraftstoffs, die aufgrund zu erwartender strengerer Abgasnormen notwendig werden, bspw. bei der Reduktion von Schwefelpartikeln ist davon auszugehen, dass sowohl der Energieeinsatz, als auch die CO_2-Emissionen zunehmen werden. Letztlich werden bei dem Transport zu den Endverbrauchern Energieaufwendungen von 0,6 % des Energiegehalts des Endprodukts ermittelt. Tab. 9 verdeutlicht die relevanten Prozessschritte und den gemittelten verbrauchten Energieeinsatz.

---

126 Vgl. Umweltbundesamt Texte 4/93: a. a. O., S. 54.
127 Vgl. Ebenda, S. 55.

CO_2-Emissionsfaktoren für Dieselkraftstoff, aufgeteilt nach Prozessschritten

	Energieeinsatz	in kg CO_2/kg Dieselkraftstoff
Exploration und Transport von Rohöl bis Raffinerie	1,60 %	0,06
Raffinerieverfahren	8,30 %	0,16–0,26
Transport zum Endverbraucher	0,60 %	0,02
Summe	**10,50 %**	**0,25–0,34**

Tab. 9: Energieeinsatz zur Gewinnung und Bereitstellung von Dieselkraftstoff in % des Energieinhalts vom Endprodukt

Quelle: Eigene Darstellung nach UBA 1993

Die gesamten energetischen Aufwendungen von 10,5 % lassen sich dahingehend umformulieren, dass dem prozentualen Energieeinsatz entsprechend für die Herstellung von 100 Liter Dieselkraftstoff 110,5 Liter Erdöl benötigt werden. Die 10,5 Liter werden während der Herstellungsprozesse analog zu Tab. 9 verbraucht. Aus diesem Gesamtenergieeinsatz von 10,5 %, der für die Bereitstellung von Diesel durchschnittlich verbraucht wird, werden in der Studie die indirekten CO_2-Emissionen abgeleitet und für die einzelnen Prozessschritte angegeben. Die Angaben der CO_2-Emissionsfaktoren beziehen sich dabei auf die Masse von 1 kg getanktem Dieselkraftstoff.[128] Als Resultat lässt sich sagen, dass pro Kilogramm produziertem Dieselkraftstoff durch Raffination, Transport etc. zwischen 0,25 und 0,34 kg CO_2 emittiert werden. Die schwankenden Emissionen bei dem Raffinerieverfahren resultieren aus der Tatsache, dass gleichzeitig eine Vielzahl von Produkten hergestellt wird und somit keine genaue Zurechenbarkeit möglich ist.

Das Referenz-Szenarium, das die UFOP bei der Herstellung von fossilem Dieselkraftstoff erstellt, unterscheidet sich nicht nur aufgrund anderer Daten, sondern auch hinsichtlich der Zurechnung der CO_2-Emissionen von Kuppelprodukten.

---

128 Vgl. Ebenda, S. 62 f.

Energieeinsatz zur Gewinnung und Bereitstellung von Dieselkraftstoff		CO_2-Emissionsfaktoren für Dieselkraftstoff
	in % des Energiegehalts vom Endprodukt	in kg CO_2/kg Dieselkraftstoff
Exploration	0,80 %	0,09
Transport (Land und Pipeline)	7,10 %	0,208
Überseetransport	2,90 %	0,078
Raffinerieverfahren	5,00 %	0,136
Regionale Verteilung	2,40 %	0,099
Summe	**18,20 %**	**0,571**

Tab. 10: **Energieeinsatz zur Gewinnung und Bereitstellung von Dieselkraftstoff**
Quelle: Eigene Darstellung nach: UFOP 2001

Anhand Tab. 10 zeigt sich, dass die energetischen Aufwendungen sich deutlich von der UBA-Studie unterscheiden. Allein die Aufwendungen für die Exploration und den Transport zu Land und zu Wasser, die in dem Gutachten des Umweltbundesamtes mit 1,6 % beziffert wurden, werden in der UFOP-Studie mit knapp 11 % angegeben.[129] Die gesamten CO_2-Emissionswerte in Tab. 9, unter Annahme niedriger energetischer Aufwendungen während der Raffination, entsprechen weniger als der Hälfte der Emissionen bei der UFOP-Studie. Dies kann dazu führen, dass die Studien sich bei den CO_2-Emissionswerten pro Kilogramm Dieselkraftstoff um über 300 Gramm unterscheiden. Auch die zur Herstellung nötigen Energieaufwendungen sind bei der UFOP-Studie mit einem Einsatz von 18,2 Litern Erdöl, die bei den vorgelagerten Prozessen verbraucht werden, deutlich höher. Diese diametralen Ergebnisse verdeutlichen die Schwierigkeit mit schlechten bzw. ungesicherten Kennzahlen zu arbeiten. Die Problematik liegt darin, dass es zu den vorgelagerten Prozessschritten nur spärliches Datenmaterial gibt und es zu großen Unterschieden aufgrund verschiedener Quellen und Annahmen kommt.[130]

In der UFOP-Studie werden bei dem Szenario für Diesel dem Kraftstoff nicht nur Emissionen des eigenen Herstellungsprozesses angelastet, sondern auch die Emissionen, die bei der Produktion von Sojaschrot und Glycerin entstehen. Da, wie schon mehrfach dargestellt, bei der RME-Produktion Rapskuchen und natürliches Glycerin als Nebenprodukte anfallen, können diese Kuppelprodukte Sojaschrot und synthetisch produziertes Glycerin substi-

---

129 Vgl. Scharmer, K.: a. a. O., S. 22.
130 Vgl. Bundesamt für Umwelt, Wald und Landschaft: Ökoprofile von Treibstoffen, S. 11, 26.

tuieren. Nach Ansicht der UFOP muss bei dem Diesel-Szenario auch die stillgelegte Fläche berücksichtigt werden, die zumindest mit bodendeckenden Pflanzen bewirtschaftet werden muss und deren Bearbeitung demzufolge CO_2-Emissionen zur Folge hat. Durch die Erzeugung von Sojaschrot und den Transport nach Europa werden Emissionen von etwa 0,355 kg CO_2/kg Sojaschrot freigesetzt - ohne die Miteinbeziehung des Klimagases N_2O, auf das noch gesondert eingegangen wird. Bei der Herstellung von synthetischem Glycerin einschließlich der vorgelagerten Produktionsschritte fallen etwa 9 kg CO_2/kg erzeugtes Glycerin an. Die, bei der Kultivierung der stillgelegten Fläche mittels Maschineneinsatz entstehenden CO_2–Emissionen werden auf etwa 173 kg CO_2/ha geschätzt.[131] Nach Annahme der UFOP sind für einen Vergleich der ökologischen Schadschöpfungsketten nicht nur die CO_2-Emissionen von Relevanz, die während der Herstellungsprozesse frei werden, sondern auch die Emissionen sämtlicher Substitutionsprodukte. Durch eine dementsprechende Zurechnung sind die CO_2-Emissionen, die in Zusammenhang mit der Herstellung von Dieselkraftstoff entstehen, auch ohne die Zurechnung der direkten Emissionen des Verbrauchs enorm hoch. Die beim Verbrauch von Dieselkraftstoff entstehenden Emissionen werden nachfolgend behandelt.

3.2.1.2. Energie- und Schadstoffbilanz von RME

Anhand des Kraftstoffs Biodiesel lässt sich deutlich zeigen, dass die Analyse der gesamten Herstellungsschritte für einen relativ objektiven Vergleich unumgänglich ist. Biodiesel hat den entscheidenden Vorteil gegenüber fossilem Kraftstoff, dass die bei seiner Verbrennung freigesetzte CO_2-Menge derjenigen Menge entspricht, die die Rapspflanze zuvor der Atmosphäre entzogen hat. Es würde sich somit, wenn nur die Input-Output Relation einer einfachen Energiebilanz Maßstab wäre, um eine „Nullemission CO_2" bei dem Verbrauch von Biodiesel handeln. Aufgrund dessen werden die bei der Produktion von Biodiesel relevanten Prozessschritte, wie der Anbau und die Ernte der Rapssaat sowie die energieverbrauchenden Schritte der Ölauspressung und der Umesterung in die Betrachtung der Energie- und Schadstoffbilanzen mit einbezogen. Da im Rahmen der Biodieselproduktion Kuppelprodukte entstehen, die aufgrund ihrer Eigenschaften zusätzliche Substitutionen ermöglichen können, werden auch diese in die Bilanzierung mit einbezogen.

Auch bei der Bilanzierung der vorgelagerten Prozessschritte von RME ist es aufgrund mangelnder Daten schwierig, genaue Aussagen über die einzelnen energetischen Aufwendungen und CO_2-Emissionen zu treffen, besonders durch die Miteinbeziehung der Kuppelprodukte. Eine vielfach verwendete Herangehensweise ist es, die Kuppelprodukte dem Hauptprodukt gutzuschreiben. Die energetischen Aufwendungen und Emissionen der sub-

---

131 Vgl. Scharmer, K.: S. 23 f.

stituierten Produkte, in diesem Fall Sojaschrot und synthetisch erzeugtes Glycerin, werden bei der Bilanzierung von RME berücksichtigt.[132]

Die Gutschrift der Kuppelprodukte erfolgt je nach Einsatzzweck, den die Substitute erfüllen. Rapsschrot wird zur Tiermast eingesetzt und ersetzt somit Sojaschrot und ebenso die energetischen Aufwendungen und Emissionen, die bei dessen Herstellung anfallen. Diese Einsparungen durch die Substitution werden demzufolge RME gutgeschrieben. Da die Studie davon ausgeht, dass nicht alles Glycerin als Substitut synthetisch hergestellten Glycerins dienen kann, wird angenommen, dass das natürliche Glycerin sonst zur Substitution leichten Heizöls, das zu Zwecken thermischer Verbrennung eingesetzt wird, dient. Wird die Verwendung natürlichen Glycerins der Substitution von synthetischem Glycerin zugeführt, so ist die Gutschrift für Biodiesel höher als das der Fall wäre, wenn die Substitution zu Zwecken thermischer Nutzung stattfinden würde.

Bei thermischer Verbrennung sind die CO_2-Emissionen sehr viel niedriger als bei der Produktion von synthetischem Glycerin. Eine Gutschrift für technisch produziertes Glycerin führt RME innerhalb der Schadstoffbilanz durchweg zu deutlich besseren Resultaten als die Gutschrift für die Substitution von Heizöl. Die Gutschrift von Rapsschrot hat einen geringen positiven Einfluss, führt aber nicht zu eindeutig quantifizierbaren Ergebnissen.[133] Die Einsparungen bei den CO_2-Emissionen liegen aufgrund der verschiedenen Gutschriften zwischen 1,7 und 3,8 kg CO_2/kg.[134]

Werden die CO_2-Emissionen ohne die N_2O-Emissionen aus dem Ackerbau für die Herstellung von Biodiesel berechnet, so ergeben sich Klimagasemissionen zwischen 0,71 und 0,9 kg CO_2/kg DKÄ (Dieselkraftstoffäquivalent). Daher lässt sich sagen, dass die Emissionen bei reiner Betrachtung der vorgelagerten Herstellungsprozesse bei Biodiesel höher sind als die bei Dieselkraftstoff. Die UFOP schätzt, dass bei der Produktion von 100 Litern Biodiesel etwa 20 Liter Erdöl verbraucht werden (im Vergleich zu 18,2 Litern bei Dieselkraftstoff).[135] Da der Prozess der RME-Verbrennung CO_2 emissionsfrei ist, sind dies die einzigen CO_2-Emissionen, die während des gesamten Lebenszyklus von Biodiesel anfallen. Hinzu kommen noch die Gutschriften der Sojaschrot- und Glycerinsubstitution, die sich positiv auf die Schadstoffbilanz von RME auswirken.

Auch die festgestellten Energieaufwendungen für den RME-Herstellungsprozess unterscheiden sich in diversen Untersuchungen. Das Institut für Biosystemtechnik der Bundesforschungsanstalt für Landwirtschaft hat ermittelt, dass dem Energieaufwand für den land-

---

132 Vgl. ifeu-Institut für Energie und Umweltforschung: Ressourcen- und Emissionsbilanzen. Rapsöl und RME im Vergleich zu Dieselkraftstoff, in: Umweltbundesamt Texte 79/99 (Hrsg.), Aktuelle Bewertung des Einsatzes von Rapsöl/RME im Vergleich zu Dieselkraftstoff, S. 31.
133 Vgl. Ebenda, S. 52.
134 Vgl. Ebenda, S. 20.
135 Vgl. UFOP, Biodiesel aus Raps, Die umweltgerechte Alternative, S. 10.

landwirtschaftlichen Prozess zur Herstellung des Rohstoffs, der Ölgewinnung und der Aufbereitung durch Umesterung mit dem Produkt RME ein mehr als zweifacher Energieinhalt gegenübersteht. Durch die Nutzung der Kuppelprodukte kann das Input-Output Verhältnis unter optimalen Annahmen bis auf 1 : 7 gesteigert werden.[136] Bei der ifeu-Studie, die die ökologischen Gesichtspunkte von Biodiesel zum Schwerpunkt hatte und 1998 mit der Studie der Ruhr-Universität vom Umweltbundesamt in Auftrag gegeben wurde, wird lediglich ein Verhältnis von 1 : 1,17 ohne Gutschriften ermittelt. Das maximale Potential liegt hingegen bei einem Input-Output Verhältnis von 1 : 4,99. Als realistisch wird unter den derzeitigen Verwendungen ein Verhältnis von 1 : 1,78 angenommen.[137]

Tab. 11 fasst die Ergebnisse des Vergleichs noch einmal kurz zusammen und zeigt deutlich die von einander abweichenden Daten und Kennzahlen der einzelnen Studien. Es ist davon auszugehen, dass diese differierenden Daten zu einem großen Teil Resultat des spärlichen Datenmaterials und anderer Bemessungsgrundlagen sind. Um die ökologische Analyse fortzuführen muss die Menge an emittiertem N_2O bei dem Anbau von Raps festgestellt werden.

	RME (ohne N_2O)	Dieselkraftstoff
Energetischer Aufwand bei der Herstellung (l/100l)		
UFOP	20l	18,2l
Ifeu-Institut	-	10,5l
CO_2-Emissionen der Herstellung (kg CO_2/kg DKÄ)		
UFOP	0,7–0,9	0,571
Ifeu-Institut	*1,99	0,25–0,34

*In dieser Kennzahl sind die N_2O-Emissionen schon enthalten.

Tab. 11: Vergleich der Energie- und Schadstoffbilanzen bei der Herstellung von RME und Dieselkraftstoff

Quelle: Eigene Darstellung nach UFOP 2001 und Ifeu-Institut 1993 & 1999

---

136 Vgl. Krahl, J.: Bestimmung der Schadstoffemissionen von landwirtschaftlichen Schleppern beim Betrieb mit Rapsölmethylester im Vergleich zu Dieselkraftstoff, S. 4.
137 Vgl. ifeu-Studie: a. a. O., S. 78 und Folkers, C.: S. 138.

3.2.2. Die N₂O-Debatte

Die RME-Produktion bewegt sich hinsichtlich der Tatsache, dass N_2O zu den klimarelevanten Spurengasen gehört, in einem Spannungsfeld. Denn Kohlendioxid (CO_2), Methan (CH_4) und Lachgas (N_2O) wirken sich im besonderen Maße auf die globale Atmosphäre aus. Ursachen der Verstärkung des Treibhauseffektes ist zum einen die intensive Nutzung fossiler Energien und zum anderen die sich ausweitende landwirtschaftliche Produktion.

Dass es aufgrund der RME-Produktion und dessen Verbrauch gegenüber fossilem Dieselkraftstoff zu Einsparungen an CO_2 kommt ist unbestritten, doch da Biodiesel landwirtschaftlich produziert wird, müssen die N_2O-Emissionen, die beim Rapsanbau freigesetzt werden den Vorteilen der Kohlendioxidreduktion entgegengestellt werden. N_2O besitzt einen Anteil von etwa 6 % am Treibhauseffekt, Methan etwa 12 %, und CO_2 ist verantwortlich für etwa die Hälfte des Klimaeffekts. Die N_2O-Emissionen sind im Vergleich zu den Kohlendioxid-Freisetzungen wesentlich geringer, doch Lachgas besitzt eine treibhausfördernde Wirkung, die um den Faktor 206 bis 290 über dem des CO_2 liegt.[138]

Es zunächst anzufügen, dass sich die Erfassung der Daten relativ einfach gestaltet, es aber sehr schwierig ist, die wesentliche Quelle der N_2O–Emissionen eindeutig zu beurteilen, da der Prozess komplex ist und von mehreren Faktoren beeinflusst wird.[139] Landwirtschaftliche Flächen emittieren zweifelsohne mehr Lachgas als Naturflächen (mit Ausnahme von Feuchtbiotopen und Regenwäldern). Es ist daher zu klären, inwieweit es auf der Brache, d.h. den reinen Stilllegungsflächen, zu geringeren Lachgasemissionen kommt, als auf Ackerflächen auf denen Raps angebaut wird. Nach Angaben der UFOP gibt es praktisch die gleichen Freisetzungen auf den Stilllegungsflächen wie auf den Anbauflächen von Raps, und folglich ist auch die Anrechnung des Malus durch die N_2O-Emissionen auf die Erzeugung von Biodiesel nicht gerechtfertigt.[140]

Bei der Studie der Universität Göttingen konnten auf den intensiv bewirtschafteten Rapsfeldern im Vergleich zu den nicht oder nur extensiv bewirtschafteten Pappel- Eichen- und Stilllegungsflächen insbesondere düngeinduzierte hohe N_2O-Emissionen festgestellt werden. Über einen längeren Bilanzierungszeitraum wies die Rapsfläche vor der Brache deutlich die höchsten Emissionswerte auf (im Maximum 5,3 kg N_2O ha).

Auf brachliegenden Flächen wurden in der Regel niedrigere Emissionswerte als auf den umliegenden Ackerflächen gemessen, was in erster Linie mit fehlenden Düngemaßnahmen zu erklären ist. Kumuliert gesehen, ein Zeitraum von eineinhalb Jahren, betrug die Mehr-

---

138 Vgl. TÜV Bayern: a. a. O., S. 47 und ifeu-Studie: a. a. O., S. 21. Die ifeu-Studie geht in ihrer Untersuchung sogar von der 310fachen Wirkung von N2O im Vergleich zu CO2 aus. Hier wird von einem gemittelten Faktor 270 ausgegangen.
139 Vgl. Teepe, R.: Quantifizierung der klimarelevanten Spurengasflüsse Lachgas (N 2O) und Methan (CH4) beim Anbau der nachwachsenden Rohstoffe Pappelholz und Rapsöl, S. 41.
140 Vgl. Scharmer, K.: a. a. O., S. 32.

emission der Rapsfläche gegenüber der Stilllegungsfläche etwa 1 kg N_2O/ha. Die Emissionsbewertung sollte auf mehrjährigen Beobachtungen basieren, was nur bei einer vergleichsweise geringen Anzahl von Untersuchungen stattgefunden hat, da es zu starken, unter anderem wetterbedingten Schwankungen kommen kann.[141] Da die Düngung einer der ausschlaggebenden Faktoren bei der Mehremission gewesen ist, muss darauf hingewiesen werden, dass die Stickstoffdüngung bei Raps in besonderem Maße zu einer Ertragssteigerung führt (Siehe Kap. 2.4.4).

Aufgrund der Tatsache, dass das Ertragsrisiko sich durch einen überhöhten Einsatz von Stickstoffdünger nicht vergrößert, ist anzunehmen, dass es eher zu einer Mehr- denn zu einer Minderemission von N_2O kommen wird. Es ist auch aufgrund der Stickstoffdüngung und der hier dargestellten Ergebnisse für die ökologische Beurteilung entscheidend, ob es sich um eine vorübergehend stillgelegte Rotationsbrache handelt oder um eine langjährig ungedüngte Fläche. Eine auf lange Zeit stillgelegte Brache oder sogar eine Aufforstung, wie die Pappel- und Eichenflächen in Tab.12 zeigen, würden zu deutlich geringeren N_2O-Freisetzungen führen, als eine kurzfristig aus der Bebauung herausgenommene Fläche.

N_2O-Emissionen auf Brache und Anbauflächen nachwachsender Rohstoffe	Winterperiode 1995/ 1996	Gesamtjahr 1996/ 1997
	in kg N_2O/ ha	in kg N_2O/ ha
Pappel	0,937	0,457
Eiche	0,744	0,963
Brache	1,555	2,536
Raps	2,984	2,295

Tab. 12: N_2O-Emissionen auf Brache und Anbauflächen nachwachsender Rohstoffe
Quelle: Teepe 1999

Um einen noch differenzierteren Vergleich zwischen Dieselkraftstoff und Biodiesel durchzuführen, müssten die Brachen mit ihren jeweiligen N_2O-Emissionen, d.h. entweder aufgeforstete Naturschutzflächen oder Rotationsbrachen der Schadstoffbilanz von Dieselkraftstoff angerechnet werden. Dies ist mangels Daten kaum möglich und wäre auch im Verhältnis der gewonnenen Daten zu dem notwendigen Aufwand nicht adäquat.[142]

---

141 Vgl. Teepe, R.: a. a. O., S. 58/61.
142 Vgl. Heinemeyer, O./Kücke, M. et al.: Lachgasemissionen beim Rapsanbau, in: FAL (Hrsg.): Fachtagung Biodiesel – Optimierungspotentiale und Umwelteffekte, S. 177, 179.

Es lässt sich festhalten, dass die N_2O-Emissionen bei dem Anbau von Raps besonderen Schwankungen unterliegen. Die hohen Emissionen im Frühjahr werden als düngeinduzierte Reaktionen erklärt, und die massiven N_2O-Freisetzungen im Winter lassen auf Frost-Tau -Zyklen und sonstige wetter- und standortbedingte Faktoren schließen.[143]

Anhand der verschiedenen Gutachten kann hier von einem gemittelten Wert von etwa 2,4 kg N_2O/ha pro Jahr ausgegangen werden. Beim einem festgestellten Ertrag von 1560 kg Rapsöl/ha (siehe Kap.3.1.4) errechnet sich eine Freisetzung von etwa 0,00154 kg N_2O pro kg Rapsöl, bzw. Biodiesel. Multipliziert mit der erhöhten Wirksamkeit um den Faktor 270 entspricht dies in etwa der Menge von 0,42 kg CO_2Äquivalent/DKÄ.[144]

Werden diese freigesetzten N_2O-Spurengase als Kohlendioxidäquivalent dem Herstellungsprozess von Biodiesel zugerechnet, so werden Klimagase in einer Höhe zwischen 1,12 und 1,32 kg CO_2/kg DKÄ freigesetzt. Wie anhand Tab. 13 zu erkennen ist, werden beim Dieselkraftstoff die geschätzten N_2O–Emissionen die beim Anbau von Soja emittiert werden, bilanziert.

Vergleich der Schadstoffbilanzen bei der Herstellung von RME und Dieselkraftstoff		
	RME	Dieselkraftstoff
CO_2-Emissionen der Herstellung (kg CO_2/kg DKÄ)		
UFOP (ohne N_2O-Emissionen)	0,7–0,9	0,571
N_2O-Emissionen beim Anbau von Raps/Soja (kg CO_2/kg DKÄ)	0,42	(0,407)
CO_2-Äquivalentemissionen gesamt	1,12–1,32	(0,978)/0,571
Ifeu-Institut	1,99	0,25–0,34

Tab. 13: Vergleich der Schadstoffbilanzen bei der Herstellung von RME und Dieselkraftstoff
Quelle: Eigene Darstellung, nach UFOP 2001 und ifeu 1999

Diese von der UFOP vertretene Aufrechnung ist nicht angemessen, da die Lachgasemissionen, die bei der Herstellung von Biodiesel anfallen, unumgänglich sind und im Rahmen des Produktionsprozesses stattfinden, wohingegen die N_2O-Freisetzungen bei dem Sojaanbau nicht mit der Bereitstellung von Dieselkraftstoff verknüpft sind. Zudem müssten die Lachgasemissionen anteilig zu dem Verbrauch des Dieselkraftstoff berechnet werden, was wahrscheinlich eine deutlich geringere Emissionsmenge pro kg Diesel zur Folge hätte. Abschließend ist zu sagen, dass sich, nach einem Vergleich der Schadstoffketten, jedoch

---

143 Vgl. Teepe, R.: a. a. O., S. 60.
144 Eigene Berechnungen nach Scharmer, K.: a. a. O., S. 33 f. Der Faktor ist ein gemittelter Wert.

ausschließlich während des Herstellungsprozesses die CO_2 - äquivalenten Emissionen zu Ungunsten von Biodiesel gestalten.

Im folgenden Kapitel werden die beim Verbrauch stattfindenden Emissionen in die abschließende Bewertung mit einbezogen. Diese getrennte Betrachtung der Herstellungs- und Verbrauchsemissionen zeigt, dass sich bei dem Verbrauch von Biodiesel nicht von einer Nullemission sprechen lässt, da der Herstellungsprozess unweigerlich in die Gesamtbetrachtung einer ökologischen Analyse mit einbezogen werden muss. Bei der Energiebilanz von RME lässt sich sagen, dass deren Aussage abhängig von den Gutschriften von Glycerin und Rapsschrot ist. Eine positives Input-Output Verhältnis ist jedoch immer festzustellen.[145]

3.2.3. Schadstoffemissionen bei dem Verbrauch von Dieselkraftstoff und RME

Nachdem nun die Herstellungsprozesse von RME und Dieselkraftstoff untersucht wurden, bei denen CO_2- und N_2O-Emissionen anfielen und festgestellt wurde, dass die Produktion von RME höhere CO_2-Emissionen (äquivalent berechnet) nach sich zieht als das bei der Erzeugung von Dieselkraftstoff der Fall ist, werden nun die CO_2-Emissionen untersucht, die bei dem Verbrauchsprozess von Dieselkraftstoff freigesetzt werden.

3.2.3.1. Anfallende CO_2-Emissionen

Die Emission eines Dieselmotors besteht zu mehr als 99 % aus ungiftigen Komponenten. Die sind Sauerstoff (O_2), Stickstoff (N_2), Wasser (H_2O) und das ungiftige aber klimaschädigende Kohlendioxid.[146] Dieser CO_2-Ausstoß, der durch den Verbrennungsprozess im Motor freigesetzt wird, ist verantwortlich für den größten Teil der gesamten Kohlendioxidemissionen, die während des vollständigen Schadschöpfungskette (Lebenszyklus) von Dieselkraftstoff entstehen.

Der Vorteil der pflanzlichen Kraftstoffe liegt hier in dem nahezu geschlossenen Kohlendioxidkreislauf. Wie dargestellt finden CO_2-Emissionen während des Herstellungsprozesses statt, da exogene Energien notwendig sind, um Biodiesel zu erzeugen. Aber das bei der Verbrennung von RME freigesetzte Kohlendioxid wurde während des Pflanzenwachstums der Atmosphäre entnommen und umgewandelt und trägt somit nicht zu einem Zuwachs der Spurengase bei.

Die Mengen an CO_2, die bei dem Verbrauch von Dieselkraftstoff freigesetzt werden, sind nicht erneuerbar und werden als zusätzliche Belastung in die Atmosphäre abgegeben. Die

---

[145] Vgl. Umweltbundesamt Texte 4/93, sogar bei deren Annahmen ist die Energiebilanz mit 1 : 1,17 positiv, wenn auch nicht deutlich.
[146] Vgl. Maurer, B.: Das CRT-System im Biodiesel Einsatz, in : FAL (Hrsg.): Fachtagung Biodiesel – Optimierungspotentiale und Umwelteffekte, S. 115.

Emissionen müssen daher in der Emissionsbilanz von Dieselkraftstoff aufgeführt werden. Die ifeu-Studie geht bei ihren Annahmen von einer Emissionsmenge von rund 3,4 kg CO_2/kg DKÄ aus, die in etwa auch den Angaben der UFOP entsprechen.[147]

CO_2-Emissionsbilanz von Dieselkraftstoff/RME (in kg CO_2/kg DKÄ)		
	Dieselkraftstoff	RME
UFOP: CO_2-Emissionen der Herstellung	0,571	0,7–0,9
CO_2-Emissionen durch direkten Dieselkraftstoffverbrauch	3,4	„Nullemission"
N_2O-Emissionen beim Anbau von Raps/Soja (kg CO_2/kg DKÄ)	Wird nicht bilanziert	0,42
Gesamte CO_2-Emissionen des Schadschöpfungskette	3,971	1,12–1,32

Tab. 14: CO_2-Emissionsbilanz von Dieselkraftstoff/RME
Quelle: Eigene Darstellung nach Scharmer, K. (2001)

Werden diese Freisetzungen in die Emissionsbilanz eingetragen, so kommt es tatsächlich zu deutlichen Einsparungseffekten von Kohlendioxid durch eine Substitution des Dieselkraftstoffs mittels Biodiesel.

Anhand Tabelle 14 lässt sich erkennen, dass die Einsparungseffekte durch den Einsatz von Biodiesel zwischen 2,85 kg und 2,65 kg CO_2/kg DKÄ liegen. Bei einer Produktion von Biodiesel im Jahr 2002 von 765.000 t wurden demzufolge durch die Substitution bis zu 2.180.000 t CO_2-Emissionen eingespart.

3.2.3.2. Sonstige Emissionen bei RME und Diesel

Abgesehen von den Kohlendioxidemissionen, die während der Verbrennung im Motor freigesetzt werden, gibt es noch eine Vielzahl an anderen Emissionen, sowohl bei der Nutzung von Dieselkraftstoff als auch bei der von RME. Einige dieser Schadstoffe werden als gesundheitsschädlich aufgrund von kanzerogenen und mutagenen Wirkungen eingestuft. Die relevanten Schadstoffe sind Kohlenmonoxid (CO), Kohlenwasserstoff (HC), Stickstoffoxide (NOX) und Partikel, zu denen die kanzerogenen Polyzyklische Aromatische Kohlenwasserstoffe (PAK) gehören. Es ist nun zu bewerten, inwieweit Motoren durch die Umstellung auf RME gesetzlich vorgeschriebene Abgasnormen einhalten und zu welchen Minder- oder Mehremissionen es durch den Einsatz von Biodiesel kommt.

---

147 Vgl. ifeu-Studie: a. a. O., S. 21.

Für den Betrieb mit Biodiesel gerade bei älteren Dieselfahrzeugen wurde ein Oxidations-Katalysator („Oxi-Kat") entwickelt, der sich als effektives System bewiesen hat, den hohen Schadstoffausstoß mit einem vergleichsweise geringen Aufwand stark zu reduzieren.[148] Da RME keinen Schwefel enthält, können die Katalysatoren wirkungsvoller eingesetzt werden. In konventionellem Dieselkraftstoff wurde der Schwefelgehalt kontinuierlich abgesenkt, da die enthaltenen Schwefeloxide zu saurem Regen und zu Schäden an Gebäuden führen. Diese Senkung des Schwefelgehalts resultiert in höheren Kosten und energetischen Aufwendungen bei der Produktion. Zusätzlich sinkt bei abnehmendem Schwefelgehalt die Schmierfähigkeit von Dieselkraftstoff, die durch Zusätze wieder erhöht werden muss. Biodiesel hingegen ist von Natur aus schmierfähig und schwefelfrei.

Abb. 6 zeigt die deutliche Reduktion von Kohlenmonoxid und Kohlenwasserstoff. Kohlenmonoxid (CO) wird durch den Einsatz des Oxi-Katalysators um fast 99 % reduziert. In der Atmosphäre wird es durch Oxidation zu CO_2 umgesetzt. Jedoch sind die von CO-Emissionen hervorgerufenen Umweltbelastungen von geringer Bedeutung.[149] Die Reduktion von Kohlenwasserstoff (HC) um etwa 95 % führt zu der Beseitigung des unangenehmen RME-spezifischen Abgasgeruchs, der als „Pommesduft" aufgrund verstärkter Bildung bestimmter Aldehyde wahrgenommen wird.

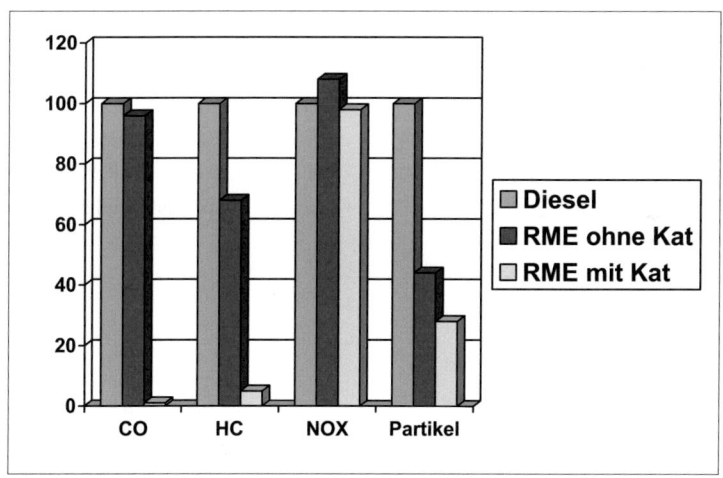

Abb. 6: Vergleich der Emissionen DK zu RME ohne/mit Oxi-Kat
Quelle: FAL 1998

---

148 Vgl. Kahlert, B.: RME-OxiKat – Umwandlung der Schadstoffe mit RME-optimiertem Katalysator, in: FAL (Hrsg.) 1998, S. 121.
149 Krahl, J.: Rapsölmethylester in dieselmotorischer Verbrennung, in: FAL (Hrsg.): Landbauforschung Völkenrode, Sonderheft 233, S. 15.

Eine NO_X-Reduzierung findet, wenn überhaupt, nur bei dem Betrieb mit dem Oxi-Kat statt. In anderen Abgasuntersuchungen wurden 10 % und höhere Zunahmen an NO_X festgestellt.[150] Stickoxide unterteilen sich in Stickstoffmonoxide, die ozonzehrend wirken und Stickstoffdioxide, die als Lungenreizgas wirken und schleimhautreizend sind. Die Hauptproblematik ist jedoch die, dass der Austrag der Stickoxide in die Atmosphäre über gebildete Salpetersäure erfolgt, was Mitverursacher sauren Regens ist.

Die Reduktion der Partikel bzw. der darin enthaltenen PAKs um bis zu 70 % zeigt deutlich die niedrigeren Mutationsraten und kanzerogene Wirkungen von Biodiesel.

Doch die Frage stellt sich, inwieweit die dargestellten Reduktionen von RME mit Hilfe des Oxi-Kats ausreichen, um zukünftige Grenzwertstufen kommender gesetzlicher Abgasnormen zu unterschreiten. Von der zukünftigen Abgasgesetzgebung EURO 4, deren Abgasgrenzwerte ab 2005 obligatorisch sein werden, wird ein drastisch reduzierter Grenzwert bei den Stickoxiden und Partikelemissionen erwartet. Die CO-Reduktionen und vorgegebenen Partikelgrenzwerte können aufgrund des Oxi-Kats heute schon eingehalten werden.

Um die Stickoxidemissionen einzuhalten, muss jedoch weiterhin an der Optimierung des Kraftstoffs Biodiesel gearbeitet werden, da nicht davon auszugehen ist, dass die Fahrzeughersteller eine Motoroptimierung auf den biogenen Kraftstoff RME vornehmen werden.[151]

3.2.4. Biodiesel und die Ziele nachhaltiger Entwicklung der Bundesregierung

Nach der Analyse der Emissionen von Dieselkraftstoff und RME über den gesamten Lebenszyklus ist deutlich geworden, dass es zu erheblichen CO_2-Einsparungen mittels der Substitution konventionellen Dieselkraftstoffs durch Biodiesel kommt. Auch andere Spurengase und Schadstoffe lassen sich durch den Einsatz von Biodiesel zum Teil drastisch reduzieren. Es ist zu prüfen, inwieweit die strategischen Ziele der Bundesregierung, nachhaltige Entwicklung zu fördern, durch Biodiesel nachhaltig unterstützt werden können. Um dahingehend eine Aussage treffen zu können, werden die in Kap. 2.2.1. dargestellten Indikatoren, die zu den 21 Schlüsselindikatoren gehören, mittels derer die Bundesregierung nachhaltige Entwicklung in Deutschland umsetzen möchte, den Einsparungen und Eigenschaften von Biodiesel gegenüber gestellt.

Das wohl vorrangigste Ziel der Umweltpolitik, auch aufgrund des internationalen bzw. europäischen Kontextes, ist es, im Rahmen des Klimaschutzes die Treibhausgase zu reduzieren. In ihrem Strategiepapier nachhaltiger Entwicklung beschloss die Bundesregierung als Indikator für Lebensqualität eine Reduktion der Emissionen des wichtigsten Treibhausgases CO_2 bis 2005 gegenüber 1990 um 25 %. 1990 betrug der Primärenergieverbrauch

---

150 Vgl. Scharmer, K.: a. a. O., S. 16 und ifeu-Studie: a. a. O., S. 36 f.
151 Vgl. Zilmans, R.: Mit Biodiesel EURO 4 ?, in: FAL (Hrsg.) 1998, S. 138 ff.

insgesamt in Deutschland ca. 15.000 PJ (Peta-Joule), was zu energiebedingten CO_2-Emissionen von 991 Mio. t führte.[152] Eine Reduktion um die geforderten 25 % würde bedeuten, dass im Jahr 2005 etwa 248 Mio. t weniger CO_2 emittiert werden dürfte. Im Jahr 2000 betrug die erreichte Reduzierung bereits 16 %, was CO_2-Emissionen am Primärenergieverbrauch von etwa 836 Mio. t entsprach. Daraus lässt sich schließen, dass bis 2005 vom Bezugsjahr 2000 an die CO_2-Emissionen um noch knapp 93 Mio. t reduziert werden müssen. Es wird nun angenommen, dass 2000 und 2001 insgesamt etwa 650.000 t Biodiesel produziert wurden und für 2004 die gesamte Herstellungskapazität der Ölmühlen von ca. 800.000 t pro Jahr genutzt wird.[153] Für das Jahr 2002 und das Jahr 2003 gilt die errechnete Biodieselmenge von 765.000 t.

Reduktion der CO_2-Emissionen bis 2005 (Bezugsjahr 2000)	
Notwendige Minderung zur Erfüllung des Reduktionszieles	*93,00 Mio. t*
CO_2-Einsparung in den Jahren 2000 und 2001	1,80 Mio. t
CO_2-Einsparung im Jahr 2002	2,18 Mio. t
Vorauss. Einsparungen im Jahr 2003	2,18 Mio. t
Vorauss. Einsparungen im Jahr 2004	2,28 Mio. t
Gesamte CO_2-Einsparungen durch den Einsatz von Biodiesel	**8,44 Mio. t**
	84,56 Mio. t
Gesamte CO_2-Einsparungen durch den Einsatz von Biodiesel (gerundet)	9,1 %

Tab. 15: Reduktion der CO_2-Emissionen bis 2005 (Bezugsjahr 2000)
Quelle: Eigene Berechnungen nach UFOP 2003; BMWi 2001

Anhand Tab. 15 lässt sich nachweisen, dass der Einsatz von Biodiesel, unter den gegebenen Annahmen dazu führen kann, 9,1 % der benötigten Minderung der CO^2-Emissionen bis 2005 zu generieren.

Ein weiterer Indikator nachhaltiger Entwicklung ist der Anteil erneuerbarer Energien in Deutschland. Es ist beabsichtigt, den Anteil erneuerbarer Energien am Primärenergieverbrauch von 2,1 % im Jahr 2000 auf 4,2 im Jahr 2010 zu verdoppeln, um so eine zu-

---

152 Vgl. BMWi: Nachhaltige Energiepolitik: a. a. O., S. 40.
153 Vgl. UFOP-Bericht 2001/2002: S. 41.

kunftsfähige Energieversorgung aufzubauen. Wie jedoch im Rahmen der ökonomischen Analyse zu sehen war, ist der Anbau von Raps auf den Ackerflächen aufgrund seiner Eigenschaften in der Fruchtfolge begrenzt. Dies führt bei maximaler Auslastung der zur Verfügung stehenden Anbauflächen in Deutschland zu einer Grenzsubstitution von Dieselkraftstoff von etwa 10 % (siehe Kap. 3.1.4).

Bei einer Produktion von 1.000.000 t Biodiesel, was nach dem Ausbau weiterer Ölmühlen bis zum Jahr 2010 durchaus realisierbar sein wird, könnten ca. 1,5 % des gesamten Mineralölverbrauchs in Deutschland substituiert werden. Da der anteilige Mineralölverbrauch am Primärenergieverbrauch etwa 39 % beträgt,[154] würde RME in etwa 0,59 % des gesamten Energieverbrauchs in Deutschland stellen. Im Vergleich zu den Daten im Jahr 2000, in dem Biodiesel mit einer Jahresproduktion von etwa 200.000 t RME etwa 0,31 % des gesamten Mineralölverbrauchs und 0,12 % des Primärenergieverbrauchs stellen konnte, ist dies eine Verfünffachung der eigenen Anteile an dem Gesamtverbrauch in Deutschland.

Anhand des in dem Strategiepapier vorgegebenen Indikators, der eine Steigerung des ökologischen Anbau bis 2010 auf 20 % der Gesamtfläche und die Reduktion des Stickstoffeintrages von 116,6 kg/ha (2000) auf 89 kg/ha 2010 vorsieht, ist die Problematik der Integration der verschiedenen Dimensionen nachhaltiger Entwicklung deutlich zu sehen. Wie in Kap.2.2.4. dargestellt, besteht die eigentliche Schwierigkeit der Umsetzung nachhaltiger Ziele darin, die verschiedenen Maßnahmen so zu kombinieren, dass sie als ganzheitlicher Ansatz umgesetzt werden können.

Eine Erhöhung des Rapsanbaus zur verstärkten Substitution fossiler Kraftstoffe, um die oben dargestellten strategischen Ziele nachhaltiger Entwicklung in Bezug auf eine CO_2-Reduktion und die Erhöhung erneuerbarer Energien am Verbrauch der Primärenergien zu erreichen, würde eine massive Intensivierung der Landwirtschaft auf den Anbauflächen für Raps implizieren. Diese Maßnahmen stehen konträr zu einer Steigerung des ökologischen Anbaus und besonders zu der Reduzierung des Stickstoffeintrages (siehe Kap. 3.2.2.), wie im Strategiepapier der Bundesregierung vorgesehen.

3.2.5. Zusammenfassung der ökologischen Analyse

Nach der ökologischen Bewertung des biogenen Treibstoffs RME kann konstatiert werden, dass der Einsatz von Biodiesel fossile Energieträger einspart und somit zur Ressourcenschonung beiträgt, wie auch zu Emissionsminderungen hinsichtlich des Treibhausgases CO_2, was ein Hauptziel des Klimaschutzes ist.

Bei der Betrachtung einzelner Herstellungsschritte wurde festgestellt, dass der energetische Aufwand und die CO_2-Emissionen der Produktion von Biodiesel im Vergleich zu Diesel-

---

[154] BMWi: Nachhaltige Energiepolitik: a. a. O., S. 73.

kraftstoff relativ hoch liegen. Es ist aber zu erwarten, dass bei einer weiteren Professionalisierung der Biodieselproduktion mittels großtechnischer Anlagen, neuer Produktionsprozesse und einer geringeren Eintragung von Stickstoffdünger sowohl die Kohlendioxidemissionen als auch der Energieaufwand, wenn auch nur in geringem Maße, reduzierbar sein werden. Dahingegen wird die Verknappung des fossilen Mineralöls unweigerlich zunehmen. Die Exploration, Förderung und der Transport werden aufwendiger und durch restriktivere Abgasnormen wird eine weitere Veredelung der Mineralölprodukte während der Raffinationsprozesse notwendig, was einen höheren Energieeinsatz und steigende CO_2-Emissionen zur Folge haben wird. Dies kann dazu führen, dass sich die Herstellungsprozesse von RME und fossilen Kraftstoffen hinsichtlich energetischen Aufwendungen und Kohlendioxidemissionen annähern.

Die Schadstoffemissionen, die während des direkten Verbrauchs von Biodiesel und konventionellem Dieselkraftstoff freigesetzt werden, sind bei dem Einsatz von RME nicht nur hinsichtlich des Kohlendioxid deutlich reduziert. Mit Hilfe des Oxidations-Katalysators konnten verschiedene Schadstoffe, die Mensch und Umwelt belasten, verringert werden, und bei einer Motoroptimierung der Fahrzeughersteller auf den biogenen Kraftstoff wären weitere Einsparungen zu erwarten.

Hinzuzufügen ist, dass sich die Befürworter und Skeptiker gegenüber Biodiesel sowohl bei der Bilanzierung der energetischen Aufwendungen als auch bei der Darstellung der CO_2-Emissionen unterschiedlicher Ausgangspunkte und Annahmen bedienen, um Gutachten und Studien nach ihren Vorstellungen zu interpretieren. Es ist zu berücksichtigen, dass diese Abweichungen in den Ergebnissen zu großen Teilen mangelnden bzw. wenig stichhaltigen und verlässlichen Daten anzurechnen sind. Aber da eine „Professionalisierung" bei der Produktion von Biodiesel erst in den letzten Jahren entstand, muss eine stimmige und verlässliche Datenbasis erst angelegt werden, die bestimmten Herstellungsprozessen realistischere Annahmen zugrunde legen kann.

Bei dem Abgleich der Zielvorgaben der Bundesregierung auf dem Weg zu nachhaltiger Entwicklung mit dem Potential von Biodiesel, scheint RME die Erfüllung dieser strategischen Ziele zu unterstützen. Über 9 % der zu reduzierenden Menge an CO_2-Emissionen bis zum Jahr 2005 können mit Bezugsjahr 2000, bei einer leicht ansteigenden Biodieselproduktion in den kommenden Jahren, über den Einsatz von RME und die daraus resultierende Dieselkraftstoffsubstitution eingespart werden. Im Hinblick auf die Zielsetzung, bis zum Jahr 2010 den Anteil erneuerbarer Energien am Primärenergieverbrauch auf 4,2 % zu verdoppeln, konnte Biodiesel seinen Anteil vom Jahr 2000 aus bis heute vervierfachen. Gäbe es für die anderen erneuerbaren Energien ähnliche Wachstumsraten, so wäre das strategische Ziel der Bundesregierung bereits erreicht.

Die Erfüllung der „Biofuels-Richtlinie", die eine Anteilssteigerung der Biokraftstoffe im Jahr 2005 auf 2 % an allen verkauften Otto- und Dieselkraftstoffen und eine sukzessive

Erhöhung auf 5,75 % im Jahr 2010 vorsieht, ist zumindest für das Jahr 2005, wenn auch unter Vorbehalt, erreichbar. Die anteilige Menge an Biokraftstoffen im Jahr 2010 auf 5,75 % oder gar bis 2020 um 20 % zu erhöhen, erscheint im Rahmen der dargestellten Situation auf dem landwirtschaftlichen Sektor für Deutschland kaum machbar und auch nicht wünschenswert. Zuerst wäre eine Kollision unterschiedlicher Zieldimensionen nachhaltiger Entwicklung absehbar, da der Ausbau der Biodieselproduktion der Erweiterung ökologischen Anbaus und der Reduzierung des Stickstoffeintrags widerspricht.

Abschließend lässt sich sagen, dass Biodiesel, im Rahmen des Strategiepapiers der Bundesregierung, nur hinsichtlich der Kohlendioxidreduktion und dem Ausbau erneuerbarer Energien seinen Anteil zu einer nachhaltigen Entwicklung leistet.

3.3. Gesellschaftliche Bewertung

Die sozial-kulturelle bzw. gesellschaftliche Analyse nachhaltiger Entwicklung bezieht sich auf die Fragen der sozialen Sicherheit, der gesellschaftlichen Wohlfahrt, einer gerechten Verteilung der Lebenschancen und internationaler Verantwortung. Positive Beschäftigungswirkungen sind die Effekte, die diese Entwicklung unterstützen sollen.

Es gilt somit festzustellen, ob aus den spezifischen Herstellungsprozessen, die zur Erzeugung von Biodiesel notwendig sind, die Schaffung oder Sicherung von Arbeitsplätzen in der Landwirtschaft und in den nachgelagerten Prozessebenen resultiert. Hinzu kommt die Frage, ob die im Rahmen der Biodieselproduktion entstehenden Arbeitsplätze als anteilig an einer nachhaltigen Entwicklung hinsichtlich der Beschäftigung gesehen werden können. Die Steigerung des Beschäftigungsniveaus, die im Rahmen des Strategiepapiers der Bundesregierung bis 2010 erfolgen soll, wird mit dem zu erwartenden Beschäftigungseffekt der Biodieselproduktion abgeglichen.

Einige Wissenschaftler gehen davon aus, dass in Europa bis zum Jahre 2050 bei der Herstellung und Operationalisierung erneuerbarer Energien bis zu 4 Mio. Arbeitsplätze benötigt werden. Im Bereich der Biomasse werden mit knapp 1,6 Mio. Stellen gerechnet, von denen über 60 Prozent in der Forst- und Landwirtschaft arbeiten werden.[155]

3.3.1. Beschäftigungseffekte durch Biodiesel

Nach Angaben des TÜV Bayern lassen sich unter den Vorteilen der Biodieselproduktion in Deutschland auch volkswirtschaftliche Nutzen auflisten. Die hinsichtlich der Beschäftigungseffekte wohl überzeugendsten Argumente sind die der Sicherung von Arbeitsplätzen in der Landwirtschaft und der Schaffung von Arbeitsplätzen in den der Landwirtschaft

---

155 Vgl. Groscurth, H.: Executive Summary, in: The LTI-Research Group (Hrsg.): Long-Term Integration of Renewable Energy sources into the European Energy System, S. 9.

nachgelagerten Produktionsstufen. Dadurch kommt es zu einer über Multiplikatoreffekte induzierten zusätzlichen gesamtwirtschaftlichen Nachfrage, aus der heraus wiederum zusätzliche Arbeitsplätze geschaffen werden.[156] Der Anbau von 300.000 ha Raps zur technischen Verwendung bedeutete, nach Darstellung des TÜV Bayern, die Sicherung und Schaffung von 5.000 Arbeitsplätzen und die Induzierung von 65 Mio. Euro zusätzlicher Nachfrage.

Einkommens- und Investitionseffekte der Produktionskette Raps-Biodiesel in Millionen €

Preisszenario mittel	Prod.kette	K. Multiplikator	Akzelerator	Summe
Arbeitnehmerentgelt	261,58	78,48	122,1	462,16
Einkommen Unternehmertätigkeit & Vermögen	263,16	40,14	42,18	345,48
Summe (gesamt)	524,70			807,64
Preisszenario hoch				
Arbeitnehmerentgelt	261,58	116,01	122,1	499,69
Einkommen Unternehmertätigkeit & Vermögen	429,13	59,31	42,18	530,62
Summe (gesamt)	690,70			1.030,00

Tab. 16: Einkommens- und Investitionseffekte der Produktionskette Raps-Biodiesel
Quelle: Eigene Darstellung nach ifo-Studie 2002

Schätzungen des ifo-Instituts zufolge entstehen bei der gesamten Produktionskette Biodiesel Arbeitnehmereinkommen, Einkommen aus Unternehmertätigkeit und aus Vermögen, die sich auf 524,7 € Mio. bis 690,7 € Mio. belaufen, wie anhand Tab. 16 zu sehen ist. Durch den Keynesschen Multiplikator, der dazu dient, die durch zusätzliche Einkommen induzierte Konsumnachfrage zu quantifizieren und den Akzeleratoreffekt, der sich auf den Kapitalverbrauch und die dadurch induzierten Reinvestitionen bezieht, erhöhen sich die Einkommen und Vermögen auf 807, 7 € Mio. bis 1,03 € Mrd..[157]

---

156 Vgl. TÜV Bayern: a. a. O., S. 43.
157 Vgl. ifo-Studie: a. a. O., S. 9.

Dieser volkswirtschaftliche Einkommenszuwachs entspricht einer zusätzlichen Beschäftigung von etwa 18.200 Personen bei Annahme des mittleren Preisszenarios und etwa 19.700 beim hohen Preisszenario, die sich aus Selbstständigen, abhängig Beschäftigten und mithelfenden Familienangehörigen zusammensetzen. Über 7.100 der zusätzlich Beschäftigten, bei dem hohen Preisszenario sind es etwa 8.600, fallen auf den Keynesschen und den Akzeleratoreffekt.

Die ifo-Studie geht aber davon aus, dass es sehr schwierig ist, einen Beschäftigungszuwachs zumindest in der Landwirtschaft zu quantifizieren. Der rasche Strukturwandel auf der landwirtschaftlichen Produktionsebene macht es problematisch, von einem Zuwachs an Arbeitsplätzen zu sprechen. Durch den Anbau von Non-Food-Raps auf Stilllegungsflächen wird natürlich mehr Arbeitszeit benötigt, als im Fall einer reinen Flächenstilllegung.

In typischen landwirtschaftlichen Einzelbetrieben, werden diese zusätzlichen Arbeitsvolumina zwar entlohnt, aber eher durch ein Mehreinsatz an verfügbarer Familienarbeitskraft ausgeglichen. In landwirtschaftlichen Betrieben mit Fremdarbeitskräften hingegen, wie sie in Ostdeutschland weitgehend zu finden sind, können die zusätzlich anfallenden Arbeitsvolumina durchaus in einem Mehrbedarf an „echten" Arbeitsplätzen resultieren.[158]

Dass es aufgrund gestiegener Nachfrage nach Biodiesel zu einem Beschäftigungszuwachs bei den Ölmühlen kommt, ist anzunehmen. Hinzu kommt, dass die Einkommenszuwächse und die volkswirtschaftlichen Multiplikator- und Akzeleratoreffekte nach Ansicht der ifo-Studie bis zu 83 % der Steuermindereinnahmen kompensieren können (Siehe Kap. 3.1.5.).

Dem für das Umweltbundesamt erstellten Gutachten der Ruhr-Universität zufolge, können die landwirtschaftlichen Betriebe durch den Anbau von Non-Food-Raps nur sehr geringe zusätzliche Deckungsbeiträge realisieren. Selbst bei mittleren Absatzpreisen für die Rapssaat lohnt sich der Anbau von Non-Food-Raps gegenüber der reinen Flächenstilllegung oftmals nur aufgrund des Fruchtfolgewertes des Kreuzblütlers (Siehe Kap. 3.1.2.).[159] Um die mit dem Anbau verbundenen langfristigen Kosten zu decken, reichen die zusätzlichen Deckungsbeiträge nicht aus. Demzufolge lohnt es sich für einen landwirtschaftlichen Betrieb nicht, zusätzliche Arbeitskräfte einzustellen, so dass der Anbau mit den bereits in der Landwirtschaft tätigen Arbeitskräften erfolgen muss. Daher sind durch die Nutzung von Biodiesel keine zusätzlichen Beschäftigungseffekte in der Landwirtschaft zu erwarten.

Es handelt sich, wenn überhaupt, eher um die Sicherung bereits existierender Arbeitsplätze als um die Schaffung neuer und somit kann eher von einer „Beschäftigungstherapie" der Politik als von einem wirtschaftlichen Beschäftigungszuwachs gesprochen werden[160]. Auch in dieser Studie wird unterschieden, ob es sich um einen Familienbetrieb handelt

---

158 Vgl. Ebenda: S. 10.
159 Vgl. Folckers, C.: a. a. O., S. 107 f.
160 Vgl. Nitsch, M.: Treibstoff aus Raps, S. 10.

oder ob die Bewirtschaftung mit Lohn- bzw. Fremdarbeitskräften erfolgt. Bei Ersteren kann nicht davon ausgegangen werden, dass es zu einem zusätzlichen Bedarf an Arbeitskräften kommt, da der Faktor Arbeit nicht in der Form variabel ist wie bei einem Einsatz von Lohnarbeitern.

In landwirtschaftlichen Betrieben, in denen die Bewirtschaftung mit Fremdarbeitskräften erfolgt, kann Arbeit zumindest mittelfristig als variabel gelten. Durch die konjunkturellen Flächenstilllegungen kann es zu einem Bedarf an Arbeitskräften kommen, die jedoch nicht durch den Anbau nachwachsender Rohstoffe gebunden werden kann, da die Deckungsbeiträge selten ausreichen, um die für den Anbau notwendigen Arbeitskräfte zu finanzieren. Nach Ansicht des Gutachtens ist festzuhalten, dass durch die Nutzung von Biodiesel im Bereich der Landwirtschaft weder zusätzliche Arbeitsplätze geschaffen noch bestehende Arbeitsplätze gesichert werden können.

Zusätzliche Arbeitsplätze können nur in anderen, mit der Produktion von Biodiesel verbundenen Bereichen, z.B. in der Verarbeitung der Rapssaaten, entstehen. Die Tatsache, dass seit dem Jahr 2001 neun der fünfzehn Großanlagen in Deutschland, darunter drei großtechnische Mühlen mit einer Verarbeitungskapazität von über 100.000 t, für die Weiterverarbeitung von Rapssaaten in Betrieb genommen wurden, spricht sehr für die Annahmen, dass von dem Betrieb und der Errichtung der Ölmühlen positive Beschäftigungseffekte zu erwarten sind. Es sind bereits fünf weitere Ölmühlen im Bau mit einer Gesamtkapazität von 270.000 t.[161]

Kritiker des alternativen Kraftstoffs Biodiesel geben dieser Annahme insofern recht, da bei einer isolierten Betrachtung eines Investitionsprojektes durch die Investition immer Beschäftigungseffekte entstehen aufgrund der beim Hersteller des Investitionsgutes und der Vorlieferanten eingesetzten Arbeit. Es gilt jedoch zu berücksichtigen, dass bei einer derartigen Betrachtungsweise stets nur die direkten Wirkungen auf die Beschäftigung berücksichtigt werden. Es wird außer Acht gelassen, dass aus der Subventionierung (Freistellung von der Mineralölsteuer) nicht nur positive Wirkungen in den subventionierten Bereichen, sondern auch negative in den von der Subventionierung nicht begünstigten Bereichen resultieren.

Als Beispiel wird hier die in direkter Konkurrenz stehende mineralölverarbeitende Industrie genannt. Es wird angeführt, dass in der Vergangenheit infolge des Rückgangs des inländischen Absatzes an Mineralölprodukten Raffineriekapazitäten in Deutschland, aufgrund erheblicher Überkapazitäten im europäischen Raum, stillgelegt wurden.

Kritiker erwarten durch die Förderung von Biodiesel keine positiven Beschäftigungseffekte und befürchten, dass sich die verstärkte Nutzung von Biodiesel bei Berücksichtigung

---

161 Vgl. UFOP-Bericht 2001/2002: a. a. O., S. 41.

sämtlicher Wirkungen, z.B. wie die in Kap. 3.1.5. erwähnten fiskalischen Steuerverzichte, negativ auf die Beschäftigung auswirken wird.[162]

3.3.2. Beschäftigungszuwachs als Ziel nachhaltiger Entwicklung

Bei einer realistischen Produktion von 1.000.000 t Biodiesel können etwa 1,5 % des gesamtdeutschen Mineralölverbrauchs substituiert werden. Somit ist es eher unwahrscheinlich, dass diese geringe Substitutionsrate starke negative Auswirkungen auf die mineralölverarbeitende Industrie haben wird.

In Bezug auf den Indikator nachhaltiger Entwicklung, die Erwerbstätigenquote bis 2010 auf 70 % im Vergleich zu 65,4 % im Jahr 2000 zu erhöhen, ist durch den vermehrten Anbau von Raps und der Produktion von Biodiesel nicht mit einer erhöhten Nachfrage nach Arbeitskräften zu rechnen ist. Bei einer Zahl von etwa 38 Mio. Erwerbstätigen im Jahr 2000 und der Annahme, dass die Bevölkerungsentwicklung konstant bleibt, muss die Zahl der Beschäftigten bis 2010 um etwa 2,6 Millionen auf 40,6 Mio. steigen.[163] Selbst wenn die, auch in der ifo-Studie nur unter Vorbehalt angenommenen Zahlen von etwa 19.700 zusätzlich Beschäftigten aus Biodieselproduktion Grundlage für einen Vergleich wären, so könnten gerade 0,77 % der benötigten Arbeitsplätze geschaffen werden.

Hinzu kommt, dass die gesamte Ackerfläche in Deutschland nur kleinen Schwankungen in ihrer Ausdehnung unterliegt und eine merkliche Erweiterung der landwirtschaftlich nutzbaren Flächen nicht zu erwarten ist. Aufgrund dessen, würden durch die Intensivierung und den Ausbau der Rapssaaten keine zusätzlichen Ackerflächen erschlossen, sondern nur der Anbau anderer landwirtschaftlicher Produkte zurückgedrängt. Außerdem ist im Rahmen einer nachhaltigen Beschäftigungspolitik nicht davon auszugehen, dass die Bundesregierung die Steigerung der Erwerbstätigenquote in einem Sektor fördern wird, der strukturell defizitär wirtschaftet und nur dank immenser staatlicher Zuwendungen und Subventionen wettbewerbsfähig ist.

Durch die Produktionskette Biodiesel lassen sich, wie in der ifo-Studie gezeigt, Einkommenszuwächse in ganz beträchtlichem Maße realisieren und in kleinem Rahmen werden auch positive Beschäftigungseffekte erzeugt. Doch gerade in der Landwirtschaft ist der zusätzliche Bedarf an Arbeitskräften saisonal bestimmt und kann nicht als langfristiger, nachhaltiger Effekt sozialer Sicherheit oder gleicher Verteilung der Lebenschancen gelten. Abschließend lässt sich sagen, dass die Subventionierung von Biodiesel als Mittel der Beschäftigungspolitik kein geeignetes Instrument ist und das Dieselkraftstoffsubstitut RME keinen Beitrag zu einer gesellschaftlich nachhaltigen Entwicklung leistet.

---

162 Vgl. Brocks, F.: a. a. O., S. 115.
163 http://www.statistik-berlin.de/pms2000/sg21/2001/01-02-01.html

3.4. Opportunitätskosten

Anhand der vorangegangenen Analysen konnten die Stärken und Schwächen des Kraftstoffs Biodiesel dargestellt werden. Die herausragende Eigenschaft von RME ist sein Beitrag zur Lösung von Umweltproblemen mittels Emissionsminderung. Durch die CO_2-Emissionen, die nur bei der Herstellung bilanziert werden müssen, ergibt sich ein enormes Einsparungspotential.

Werden jedoch zu diesem ökologischen Vorteil, der zu nachhaltiger Entwicklung beitragen kann, ökonomische und gesellschaftliche Aspekten hinzugezogen bzw. werden die drei Nachhaltigkeitsdimensionen aggregiert betrachtet, so ist die Frage nach den Opportunitätskosten durchaus sinnvoll. Grund dafür sind die eher negativen Effekte, die sich durch die Produktion von Biodiesel auf wirtschaftlicher und gesellschaftlicher Ebene ergeben.

Die Opportunitätskosten stellen die Kosten der entgangenen Alternative dar, und da Biodiesel vor allem in ökonomischer Hinsicht merkliche Schwächen aufweist, ist nach Alternativen zu suchen, die sich effizienter realisieren lassen.

Da die Reduzierung der CO_2-Emissionen der ausschlaggebende und erwünschte Effekt ist, kommen im Vergleich zur Produktion von Biodiesel nun Alternativen in Betracht, die eine Reduktion von Kohlendioxid entweder durch die Verringerung des Energieverbrauchs oder durch eine Substitution von Energieträgern, wie im Falle von Biodiesel, erreichen. Die sich daran anschließende Frage ist, welche Kosten bei der Nutzung anderer Alternativen zur CO_2-Minderung anfallen würden. Es zeigt sich, dass es Möglichkeiten gibt, Energien einzusparen, deren Anwendung mit vergleichsweise geringen Kosten bzw. Wohlfahrtsverlusten verbunden sind. In diesem Zusammenhang sind bspw. Stand–By–Schaltungen an elektronischen Geräten zu nennen, durch deren Verzicht erhebliche Energieeinsparungen erreicht werden könnten, ohne dass daraus für den Verbraucher gravierende Kosten entstehen.

Gerade hier ist die Frage der Vergleichbarkeit wichtig. Durch den Verzicht auf die Stand–By–Funktion würden sich tatsächlich enorme Einsparungspotentiale realisieren lassen, was zu einer reduzierten CO_2-Freisetzung führen würde. Diese Maßnahme kann jedoch nicht als Alternative zu Biodiesel gelten, sondern muss als zusätzliches Reduktionsinstrument betrachtet werden.

Das Umweltbundesamt betrachtet etwas spezifischer die Wirtschaftlichkeit von RME hinsichtlich der Kosten und der Höhe der Einsparungen. Nach deren Schätzungen können die gleichen Emissionsminderungen wie bei Biodiesel durch fahrzeugtechnische Maßnahmen erreicht werden. Bei PKW ließe sich das 8 mal und bei schweren LKW sogar 45 mal kosteneffizienter durchführen. Das Biodieselkonzept stellt sich also als eine besonders aufwendige und teure Möglichkeit dar, CO_2 einzusparen.[164]

Kritiker zeigen anhand eines Gutachtens die Kohlendioxidminderungskosten alternativer Optionen. Abb. 7 gibt einen Überblick über die verschiedenen Minderungsmaßnahmen, und deren Kosten.[165]

Es zeigt sich, dass es sogar Maßnahmen gibt, die negative CO_2-Minderungskosten aufweisen, d.h. sie sind auch ohne Berücksichtigung der Kohlendioxidreduktion wirtschaftlich, da die Kostenersparnis infolge des geringeren Energiebedarfs größer ist, als der Aufwand für die Maßnahme.

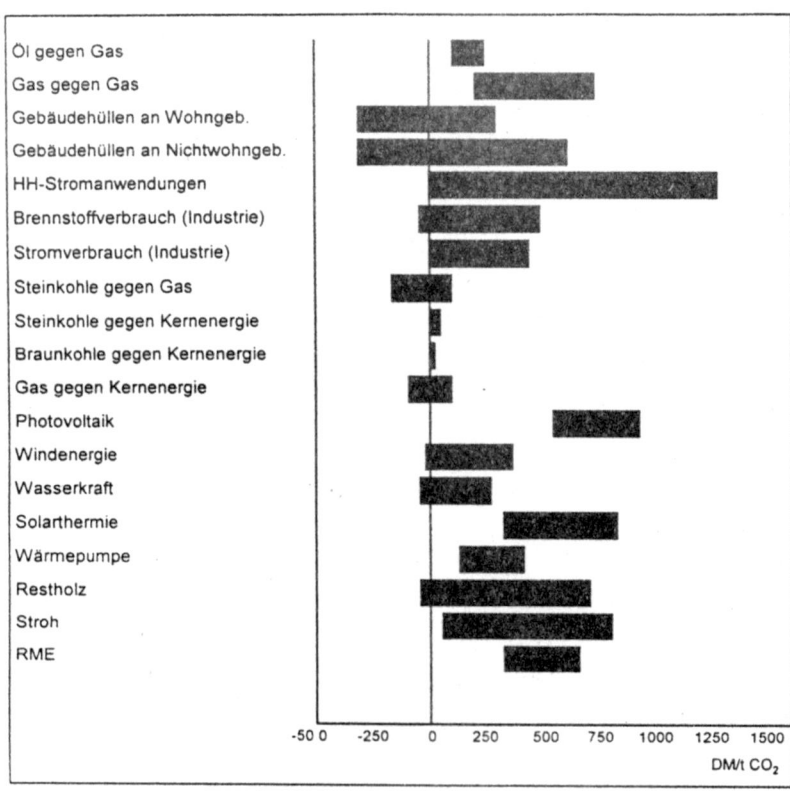

Abb. 7: **CO_2-Minderungskosten verschiedener Alternativen**
Quelle: Folckers, C.: (1999)

---

164 Vgl. Umweltbundesamt Texte 4/93: a. a. O., S. 129.
165 Vgl. Brocks, F.: a. a. O., S. 94 f.

Es lässt sich feststellen, dass es eine Vielzahl an Maßnahmen gibt, die deutlich geringere Minderungskosten haben als die Verwendung von Biodiesel. Die Verwendung von RME, rein unter dem Gesichtspunkt der CO_2–Reduktion, ist eine kostenaufwendige Maßnahme, bei der das Minderungspotential verglichen mit anderen Alternativen gering ist.[166] Dies ist insofern richtig, als bspw. durch Gebäudehüllen an Wohnhäusern, mittels Wasserkraft oder durch fahrzeugtechnische Maßnahmen, z.b. die Verringerung des Luftwiderstands die Opportunitätskosten zur Reduktion von Kohlendioxid geringer sind. Die Aussagekraft dieses Vergleiches ist jedoch relativ schwach, da sämtliche in Abb. 7 dargestellte optionalen Maßnahmen nur hinsichtlich der Emissionsreduktion verglichen werden können. Keine der Alternativen kann als Substitut für Dieselkraftstoff oder Biodiesel fungieren. Nur RME ist in der Lage einen Energieträger zu bieten, der der Mobilität fossiler Mineralöle entspricht und somit als vollwertiges Substitut des Energieträgers gelten kann, der fast 40 % unseres Primärenergiebedarfs deckt.

Im Vergleich zu den in Abb. 7 dargestellten Optionen zur Reduzierung von CO_2, besitzt Biodiesel den Vorteil, dass es als chemisch gebundene Energie leicht speicherbar ist, bedarfsgerecht eingesetzt werden kann und daher keine Einschränkungen bei der Mobilität nach sich zieht.[167]

Wie bei der Frage der Stand–By–Technologie sind die Optionen eher additiver Natur und sollten zusätzlich zu einer Technologie, die fossile Mineralöle substituieren kann, eingesetzt werden.

3.5. Zusammenfassung der Bewertung von Biodiesel

In Kapitel 3 wurde eine Bewertung des Dieselkraftstoffsubstituts Biodiesel anhand der drei Nachhaltigkeitsdimensionen vorgenommen. Während der Analyse wurden ökonomische, ökologische und gesellschaftliche Aspekte unabhängig voneinander betrachtet. Deutlich wurde, dass die jeweiligen Bewertungen zu unterschiedlichen Ergebnissen hinsichtlich eines Beitrages von Biodiesel zur nachhaltigen Entwicklung kamen.

Bei der Bewertung der Wirtschaftlichkeit lässt sich sagen, dass Biodiesel im Hinblick auf die Gesamtwohlfahrt nicht als ökonomisch nachhaltig bezeichnet werden kann. Bei einzelwirtschaftlicher Betrachtung ergeben sich durchaus ökonomische Nutzen für Produzenten und Konsumenten, die aber im Hinblick auf die negativen Effekte für die gesamtgesellschaftliche Wohlfahrt, gerade bezüglich nachhaltiger Entwicklung, nur gering relevant sind.

---

166 Vgl. Brocks, F.: a. a. O., S. 116.
167 Vgl. FNR: Biomasse als erneuerbarer Energieträger, in: BMELV (Hrsg.): Schriftenreihe „Nachwachsende Rohstoffe" Band 3, S. 658.

Nach Abschluss der ökologischen Bewertung ist festzustellen, dass Biodiesel, trotz seiner nur geringfügig erweiterbaren Produktionsmenge, zumindest hinsichtlich der Kohlendioxidreduktion und dem Ausbau erneuerbarer Energien, seinen Anteil zu einer nachhaltigen Entwicklung, auch im Rahmen des Strategiepapiers der Bundesregierung, leistet. Auch die ökologischen Effekte von Biodiesel relativieren sich bei der Betrachtung der Opportunitätskosten und deren alternativ möglichen CO_2-Minderungsmaßnahmen.

Bei der abschließenden gesellschaftlichen, bzw. sozio-kulturellen Betrachtung lässt sich schwer exakt feststellen, wie viele Arbeitsplätze durch die Produktion von Biodiesel in der Landwirtschaft und den nachgelagerten Stufen entstehen. Aufgrund des strukturellen Defizits ist ein merklicher Anstieg der Nachfrage nach Arbeit nicht zu erwarten. Es ist festzustellen, dass die Subventionierung von Biodiesel als Mittel der Beschäftigungspolitik kein geeignetes Instrument ist und das Dieselkraftstoffsubstitut RME keinen Beitrag zu einer gesellschaftlich nachhaltigen Entwicklung leistet.

Daher muss die Frage gestellt werden inwieweit der Einsatz und die staatliche Förderung des Substituts Biodiesel der gangbare Weg zu nachhaltiger Entwicklung sein kann, oder ob das Angebot eines Alternativkraftstoffs nur zu einer weiteren Strukturverfestigung auf dem Verkehrssektor führt.[168] Die tiefergehenden Strukturprobleme des stetig wachsenden Güter- und Individualverkehrs gerade hinsichtlich langfristiger nachhaltiger Entwicklung müssen intensiver analysiert und hinterfragt werden. Denn eine Verbilligung von Verkehrsleistungen suggeriert die Möglichkeit, das Automobilzeitalter auch ohne fossile Energiequellen zu perpetuieren und gaukelt deshalb eine nicht einlösbare Fata Morgana vor. Aber dennoch werden neue, erneuerbare Energien unweigerlich die fossilen ablösen und als energetischer Hauptträger der Volkswirtschaften fungieren. Die Frage wie und ob sich eine solche Umverteilung mit einer Beibehaltung unseres westlichen Lebensstandards erreichen lässt wird sich in der Zukunft entscheiden.[169]

In RME kann kein umfassendes Dieselkraftstoffsubstitut gesehen werden, da sich die maximal produzierbare Menge im unteren Prozentbereich (siehe u.a. Kap. 3.1.4.) des Verbrauchs von Dieselkraftstoff bewegt. Biodiesel wird also auch in absehbarer Zeit, aufgrund der dargestellten strukturellen Defizite ein Nischenprodukt bleiben, das dann aber nach Maßgabe seiner Spezifikationen optimal eingesetzt werden sollte.

Der Einsatz von Biodiesel zur Förderung nachhaltiger Entwicklung und zur Substitution von Dieselkraftstoff ist eindeutig begrenzt.

---

168 Vgl. Borges, U./Freitag, H./Hurtienne, T./Nitsch, M.: Proalcool – Analyse und Evaluierung des brasilianischen Biotreibstoffprogramms, S. 85.
169 Vgl. Scheer, H.: Solare Weltwirtschaft, S. 320, 325.

4. Alternative Einsatzgebiete von Biodiesel

Da erkannt wurde, dass die Idee Biodiesel zunehmend als Ersatz von Dieselkraftstoff auf nationaler Ebene verwenden zu können, als „Substitutionsoptimismus" bezeichnet werden muss, sollten Alternativszenarien in Betracht gezogen werden. Besonders im Rahmen der ökologischen Analyse kommen die Vorteile des aus nachwachsenden Rohstoffen erzeugten Biodiesel zum Tragen. Die positiven Eigenschaften von RME und die Tatsache, dass bereits eine Produktions- und Absatzstruktur existiert, sollten darin resultieren, dass der Alternativkraftstoff auf regionale oder sektorale Einsatzmöglichkeiten untersucht wird.

Es gilt herauszufinden, welche umweltsensiblen Bereiche für die Verwendung von biogenen Treibstoffen besonders in Frage kommen. Da es sich bei dem Erdklima um ein globales Umweltgut handelt, ist es für den Bereich der Klimagase irrelevant, an welchem Ort sie emittiert werden. Denn die Emission eines solchen Gases besitzt ortsunabhängig die gleiche klimatische Wirkung.

Der Nutzen der CO_2-Reduktion entsteht daher auch unabhängig von seinem Ort und die erhebliche Reduktion von Kohlendioxid kann somit kein Argument für den Einsatz in ökologisch sensiblen Bereichen sein. Die anderen Schadstoffe, wie Partikel oder Ruß haben nur einen begrenzten Wirkungskreis, so dass der Ort der Emission eine Rolle spielt.[170]

RME ist kein Gefahrengut und unterliegt deshalb nicht den Vorschriften der Gefahrgutverordnung Straße (GGVS) und nicht der Verordnung brennbare Flüssigkeiten (VbF). Biodiesel wurde, als im Grenzbereich zwischen Wassergefährdungsklasse WGK 0 (im allgemeinen nicht wassergefährdend) und WGK 1 (schwach wassergefährdend) liegend, in die WGK 1 eingestuft.[171]

Weitere Vorteile sind die Nicht-Toxizität und die biologische Abbaubarkeit von Biodiesel. Es wurde nachgewiesen, dass Biodiesel in 21 Tagen zu 98 % biologisch abgebaut wird, Mineralöl-Kraftstoff hingegen nur zu 70 %.[172]

Mineralölprodukte wie z.B. Dieselkraftstoff stellen aufgrund ihrer Toxizität und schweren biologischen Abbaubarkeit ein großes Gefährdungspotential für Boden und Wasser dar.

> *Innerstädtischer Verkehr*

Gerade der innerstädtische Personennahverkehr (Taxen und ÖPNV) hat in den letzten Jahren vermehrt Rücksicht auf den Umweltschutzgedanken genommen. Der Imagegewinn bei der Kundschaft ist oft überraschend groß, da Umweltengagement honoriert wird. Die

---

170 Vgl. Folckers, C.: a. a. O., S. 166.
171 Vgl. Scharmer, K.: a. a. O., S. 38.
172 Vgl. UFOP: Fakten, Argumente, Tipps, S. 31.

Kommunen sind zunehmend an umweltfreundlichen Antrieben ihrer Linienbusse interessiert, besonders beim Einsatz in den Stadtkernen.[173] Der Betrieb mit einem Oxidations-Katalysator ist jedoch, aufgrund der sonst auftretenden Geruchsbelästigung Vorraussetzung für einen störungsfreien Einsatz im innerstädtischen Verkehr.

Der Einsatz von Biodiesel scheint gerade bei der Reduzierung überdurchschnittlicher regionaler Konzentrationen von Schadstoffen, so genannten „Hot Spots" geeignet. Durch die Minderemissionen von Ruß oder Partikeln kann die Konzentration an schädlichen Stoffen abgesenkt werden. Kommt es bei Smogwarnungen in Großstädten zu Beschränkungen des Verkehrs so können RME-betriebene öffentliche Linienbusse und Taxen aufgrund des niedrigeren Schadstoffausstoß in Betrieb bleiben.

Auch in Kurorten, in denen Umweltqualitäten wie saubere Luft und sauberes Wasser einen noch höheren Stellenwert besitzen, würde sich ein Einsatz von Biodiesel anbieten.

> *Einsatz in Wasserschutzgebieten*

Wie eingangs dieses Kapitels erwähnt ist Biodiesel bezüglich des Wassergefährdungspotentials deutlich günstiger zu bewerten als Kraftstoffe auf Mineralölbasis.[174]

Die Daten in Tab. 17 beruhen auf der Annahme, dass durch Transport und Verarbeitung mineralischen Erdöls über Betriebsabwässer und Havarien 3–4 Mio. t Erdölprodukte jährlich in die Weltmeere gelangen. Etwa 50 % der Verschmutzungen stammen aus maritimen Immissionen von Tankern, Bohrinseln, Häfen und die andere Hälfte aus kontinentalen Immissionen, wie der Raffineriebetrieb, Pipelines etc.. Die großen Tankerunfälle haben nur einen untergeordneten Anteil, doch verdeutlichen sie bei Havarien in Küstennähe die unmittelbaren katastrophalen Umweltauswirkungen der Mineralöle auf Flora und Fauna.

Die Vorteile der Ungiftigkeit und der leicht biologischen Abbaubarkeit von Biodiesel führten dazu, dass RME schon mehrfach als biologisches Reinigungsmittel bei der Bekämpfung von Ölpest erfolgreich eingesetzt wurde. Dies stellt die Umweltverträglichkeit gegenüber Mineralölen deutlich heraus.[175]

---

173 Vgl. UFOP: Erfahrungen mit Biodiesel, S. 14.
174 Vgl. UFOP: Fakten, Argumente, Tipps, S. 31.
175 Vgl. Scharmer, K.: a. a. O., S. 38.

Belastung von Oberflächenwasser bei der Herstellung von Kraftstoffen	
Wasserbelastung	in g/kg DKÄ
Herstellung von fossilem Dieselkraftstoff	0,94–1,18
Herstellung von Biodiesel	0,06–0,08

Tab. 17: Belastung von Oberflächenwasser bei der Herstellung von Kraftstoffen
Quelle: UFOP 2001

Die Wasserbelastung, die bei der Herstellung von Biodiesel bilanziert wird, ergibt sich aus der Tatsache, dass bei der Produktion von Biodiesel Erdölprodukte verwendet werden und deren Belastungspotential daher anteilig angerechnet werden muss.

Aufgrund der dargestellten Vorteile bietet sich der Einsatz von Biodiesel in Schiffsmotoren und sonstigen Maschinen an, die in Wasserschutzgebieten oder anderen ökologisch sensiblen Gewässern Anwendung finden.

Nach Ansicht der Studie der Ruhr-Universität ist jedoch selbst hier der Einsatz nicht unbedingt notwendig, da das Austreten von Kraftstoff nur bei einem Unfall, nicht sachgemäßer Handhabung oder bei einem technischen Defekt zu erwarten ist.[176]

Der Austritt von Kraftstoff kann dementsprechend auch durch die Erhöhung der Sicherheitsvorkehrungen verhindert werden. Auf Grundlage ökonomischer Überlegungen werden der Einsatz von Biodiesel und striktere Sicherheitsmaßnahmen miteinander verglichen. Es liegt hier ein „trade-off" zwischen dem Einsatz von RME mit höheren Kosten der Gesamtwohlfahrt und der Alternative mit dem geringen verbleibenden Risiko vor, denn ein Austreten von Kraftstoff kann nie ganz ausgeschlossen werden. Aufgrund methodischer Schwierigkeiten bei der Quantifizierung der relevanten Größen kann der Vergleich aber nicht einwandfrei gelöst werden. Die Studie äußert sich daher abschließend, dass der Einsatz von Biodiesel auf Gewässern zu einer positiven Beurteilung gelangen kann.

Die ökologischen Vorteile von Biodiesel, wie der vorbeugende Boden- Gewässer- und Trinkwasserschutz, legen es geradezu nahe, auf den Einsatz von fossilen Treibstoffen überall dort zu verzichten, wo eine potentielle Gefährdung von Böden und Grundwasser respektive Trinkwasserversorgung gegeben ist.

> *Forst- und Landwirtschaft*

Das zu Schmiermittel und Hydrauliköl weiterverarbeitete Rapsöl wird gerade in umweltsensiblen Bereichen schon intensiv genutzt. Bei der Verwendung von Motorsägen kommt

---

176 Vgl. Folckers, C.: a. a. O., S. 168 f.

es zu einer sogenannten „Verlustschmierung", deren Umweltbelastung durch biologisch schnell abbaubare Schmieröle stark verringert wurde. Aufgrund positiver Erfahrungen auch beim Einsatz von Biodiesel, betreibt die Landesforstverwaltung Brandenburg gegenwärtig die Einführung von Biodiesel für alle landeseigenen Forstmaschinen.[177]

Der Einsatz von RME in der Landwirtschaft ist jedoch, obwohl auch fast ausschließlich Dieselmaschinen verwendet werden, nicht sehr weit fortgeschritten. Es gilt zu überlegen, ob nicht eine intensivierte Verwendung in der Landwirtschaft, die schließlich die Rapssaaten anbaut, zu einem Kreislaufsystem führen könnte, wie es bei nachhaltiger Entwicklung propagiert wird (Siehe Kap. 2.2.2.). Die Idee ist die teilweise Substitution des Dieselkraftstoffverbrauchs in der Landwirtschaft. Mit der im Jahr 2002 produzierten Menge von 765.000 t Biodiesel ließe sich knapp 44 % des in der Landwirtschaft benötigten Dieselkraftstoffs ersetzen (Siehe Kap. 3.1.4.). Der Anbau von Non-Food-Raps wäre somit Grundlage einer Selbstversorgung der Landwirte im Hinblick auf den Treibstoffverbrauch.

Allein der Umstand, dass Biodiesel ohne Ausnahme in umweltsensiblen Bereichen eingesetzt werden würde und somit zu einer umweltverträglicheren Landwirtschaft beitragen könnte, stellt einen ökologisch nachhaltigen Kreislauf dar. Durch die Bepflanzung mit Non-Food-Raps können die Landwirte auf den Stilllegungsflächen nachwachsende Rohstoffe anbauen. Das beim Pressen als Kuppelprodukt entstehende Rapsschrot stellt ihnen ein energiereiches Eiweißfuttermittel zur Verfügung und die großen Dieselmotoren in den landwirtschaftlichen Maschinen lassen sich zu einem großen Teil auch mit dem weniger aufwendigen Rapsöl betreiben.

Es ist jedoch zu erwähnen, dass die Preise in der Landwirtschaft für Dieselkraftstoff einem anderen Steuersatz unterliegen als dem der allgemeinen Mineralölsteuer. Die Landwirte in Deutschland müssen im Vergleich zu den anderen europäischen Ländern zwar die höchsten Kraftstoffsteuern für die Landwirtschaft zahlen, aber selbst im Vergleich zu diesem erhöhten Preis für Agrardiesel ist der Preis für RME noch zu hoch, um konstant wettbewerbsfähig zu sein.

Im Jahr 2000 hatte die Umsetzung der Ökosteuer und eine enorme Preissteigerung bei fossilen Kraftstoffen zu einem starken Interesse seitens der Landwirtschaft an Biodiesel als kostengünstige Alternative geführt. Dieses Interesse beruhigte sich doch bedingt durch die Einführung der jetzigen Agrardieselregelung und der gestiegenen Rapsölpreise.[178]

Hieran lässt sich auch das Dilemma deutlich machen, dass in Kap. 3.1.2. schon erwähnt wurde und bei einer Substitution von Dieselkraftstoff auf dem landwirtschaftlichen Sektor noch stärker zu Tage tritt. Der Landwirt, der Non-Food-Raps anbaut, kann höhere Erträge

---

177 Vgl. UFOP: Erfahrungen mit Biodiesel 2000 – Bericht von Biodieselfahrern, S. 30 f.
178 Vgl. Bockey, D.: a. a. O., S. 18.

praktisch nur über höhere Erzeugerpreise realisieren. Dementsprechend steigt bei höheren Rapspreisen auch der Preis für Biodiesel, was eine sinkende Nachfrage auf dem landwirtschaftlichen Sektor zur Folge haben würde. Durch Erhöhung der Steuer für Agrardiesel kann die Wettbewerbsfähigkeit von Biodiesel erhöht werden, was aber zu höheren Ausgaben der Landwirte für benötigte Kraftstoffe führt und Einsparungen an Arbeitsplätzen oder an der Bewirtschaftung der Ackerflächen, wie die Reduzierung des Rapsanbaus, zur Folge hat.

Die gegensätzliche Maßnahme wäre eine noch stärkere staatliche Förderung von RME auf dem landwirtschaftlichen Sektor zur Stärkung der Konkurrenzfähigkeit von Biodiesel. Die Unterstützung eines defizitären Sektors mittels Subventionierung eines wirtschaftlich nicht wettbewerbsfähigen Kraftstoffs erscheint aber nicht sinnvoll.

Es ist daher davon auszugehen, dass in absehbarer Zeit die Selbstversorgung der Landwirtschaft über „angebaute Kraftstoffe" nicht realisierbar sein wird.

5. Fazit und Ausblick

Anhand der Analyse ökonomischer, ökologischer und gesellschaftlicher Faktoren wurde nach der Bewertung der Wertschöpfungskette von Biodiesel deutlich, dass das Substitutionslimit der Dieselkraftstoffalternative RME schon bei einem geringen Prozentsatz des benötigten Dieselkraftstoffs erreicht ist. Als weitreichender Ersatz oder gar als Instrument der Importsubstitution von fossilen Energieträgern ist Biodiesel nicht geeignet.

Die Ausgangsfrage inwieweit Biodiesel als nachhaltiger Energieträger gelten kann, muss bei einer ganzheitlichen Betrachtung der drei Nachhaltigkeitsdimensionen negativ beantwortet werden. Die Defizite auf ökonomischer und die marginalen Effekte auf gesellschaftlicher Ebene zeigen die Schwächen, des in ökologischer Hinsicht zu großen Teilen überzeugenden Produktes Biodiesel auf. Die Opportunitätskostenanalyse macht aber deutlich, dass eine Reduktion des Treibhausgases CO_2, die bei dem Einsatz von RME als Hauptvorteil gewertet wird, auf anderem Wege kostengünstiger erzielt werden kann. Alternative flüssige und mobile Energieträger mit ähnlicher Substitutionsleistung, die als Treibstoff verwendet werden können, gibt es aber zur Zeit, zumindest in Europa, nicht.

Der Ansatz, durch eine Verwendung von Biodiesel in spezifischen regionalen oder sektoralen Einsatzgebieten die positiven ökologischen Effekte zu verstärken, um so eine größere Akzeptanz für die Verwendung von RME zu erzielen, erwies sich als schwierig. Der Einsatz des umweltfreundlicheren biogenen Kraftstoffs in umweltsensiblen Bereichen wie Wasserschutzgebieten ist zwar zu befürworten, wird aber die Kapazitäten von Biodiesel nur in geringem Maße beanspruchen. Eine Verwendung auf dem Agrarsektor, was zu einer Selbstversorgung der Landwirte von über 40 % führen würde, wäre auch als Maßnahme zur Förderung nachhaltiger Entwicklung wünschenswert. Eine anteilige Selbstversorgung entspräche dem Konzept natürlicher Kreislaufsysteme. Aufgrund der niedrigeren Besteuerung von Heizöl und Dieselkraftstoffen in der Agrarwirtschaft ist Biodiesel jedoch in diesem Sektor nicht konkurrenzfähig.

Abschließend lässt sich sagen, dass Biodiesel aufgrund struktureller Defizite kein Lösungspotential für den Ersatz von Dieselkraftstoff auf nationaler Ebene besitzt und somit als Substitutionsstrategie im Rahmen nachhaltiger Entwicklung versagt hat. Auf sektoraler Ebene verhindern politische und steuerrechtliche Maßnahmen einen Einsatz und die Verwendung auf rein lokaler Ebene würde Kapazitäten ungenutzt lassen und eine deutliche Verkleinerung der Biodieselherstellung zur Folge haben.

Da RME per Gesetz zumindest bis zum Jahr 2008 an den öffentlichen Tankstellen wettbewerbsfähig sein wird, stellt sich die Frage, nach der Zukunftsfähigkeit von Biodiesel über dieses Datum hinaus. Dazu können auf Basis der Ergebnisse dieser Untersuchung drei Szenarien für die Biodieselproduktion in Deutschland abgeleitet werden.

Das erste Szenario geht bei der Herstellung von Biodiesel und relevanten exogenen Faktoren (keine neuen Motoren, keine ernorme Preissteigerung von Rohöl) von nur geringfügigen Veränderungen aus. Aufgrund des Wunsches die Biofuels-Richtlinie zu erfüllen, wird die Freistellung von der Mineralölsteuer verlängert und ermöglicht Biodiesel weiterhin, trotz wohlfahrtsökonomischer Verluste, zu Dieselkraftstoff in Konkurrenz zu stehen.

Das zweite Szenario geht von der erfolgreichen Nutzung gentechnisch veränderter Rapssaaten aus und einem daraus resultierenden höheren Ernte- und Ölertrag sowie geringeren Kosten durch den Verzicht auf Pestizide und Herbizide. Raps wird zu einem deutlich günstigeren Preis angeboten. Hinzu kommen Optimierungen in den Prozessketten bei der Ölgewinnung und Umesterung und der Einsatz von elektronischen Motormanagementeinheiten, die zu einer verbesserten Kraftstoffwirkung führen. Diese Veränderungen endogener Faktoren führen zu einer deutlich verbesserten Wirtschaftlichkeit und somit Konkurrenzfähigkeit von Biodiesel. Aufgrund dieser neuen Wettbewerbsfähigkeit von Biodiesel wäre eine Freistellung von der Mineralölsteuer ist nicht mehr oder nur bedingt notwendig.

Beim dritten Szenario wird angenommen, dass es zu einer radikalen Preiserhöhung fossiler Energieträger kommen wird. Die schon heute erkennbare und zukünftig noch stärker zunehmende Knappheit wird als Faktor in die Preisbildung der realen Erdölpreise mit eingerechnet. Trotz der Schwierigkeit genaue Prognosen hinsichtlich zukünftiger Nachfrage und Vorkommen treffen zu können werden reale und prognostizierte Knappheiten in die Preisbildung mit einbezogen. Dies würde zu einer erhöhten Wettbewerbsfähigkeit von Biodiesel führen.

Hinsichtlich einer Umsetzung nachhaltiger Entwicklung muss aber auch mit einem Umschwenken europäischer oder bundesdeutscher Politik bezüglich der Förderung anderer alternativer Treibstoffe gerechnet werden. Denn ein Einsatz anderer alternativer Kraftstoffe wird zukünftig realisierbar sein. Die Ingenieure führender Automobilunternehmen sehen in den Treibstoffen aus Biomasse sowieso nur eine mittelfristige Übergangslösung. In etwa 30 Jahren wird Wasserstoff durch Sonnen- oder Windkraft gewonnen und in Antriebsenergie verwandelt. Die Brennstoffzelle ist das erklärte langfristige Ziel der Wissenschaftler.[179]

Ein langfristiger Einsatz von Biodiesel ist nur dann wahrscheinlich, wenn Chancen dafür gesehen werden, auch in Bezug auf die Agrarstruktur in den osteuropäischen Beitrittsländern, RME zu einem europaweiten Substitut anteilig am Gesamtmineralölverbrauch zu machen. Inwieweit durch die Erweiterung der Europäischen Union zusätzliche Potentiale für den Einsatz von Biodiesel bestehen, sollte im Rahmen weiterer Untersuchungen festgestellt werden.

---

179 Vgl. Jopp, K.: Der Sprit vom Acker, in: Volkswagen Magazin, S. 44.

Literaturverzeichnis

Ahner, D.: Die agrarpolitischen Aspekte der Agenda 2000, in: Wittschorek, P. (Hrsg.): AGENDA 2000, Herausforderungen an die Europäische Union und an Deutschland, Baden-Baden 1999, S. 50–61.

Barbian, D.: Ökonomie und Sustainable Development, Entwicklung eines Ansatzes zur Umsetzung von Nachhaltigkeit, Aachen 2001.

BayStMELF: Begleitforschung zur Standardisierung von Rapsöl als Kraftstoff für pflanzenöltaugliche Dieselmotoren in Fahrzeugen und BHKW – „Gelbes Heft" Nr. 69, München 2000.

Bicker, E.: Strukturelle Wirkungen von volks- und betriebswirtschaftlichen Kosten staatlicher Regulierungen am Beispiel der Agrarpolitik in Deutschland und der Europäischen Union, Frankfurt am Main 1998.

Bockey, D.: Perspektiven für Rapsölkraftstoff in der EU, in: Technologie- und Förderzentrum im Kompetenzzentrum für Nachwachsende Rohstoffe (Hrsg.): Tagungsband zum Internationalen Expertenforum: Rapsölkraftstoff in Traktoren und Blockheizkraftwerken, 25. bis 26. Februar 2002 in Straubing, Aachen 2003, S. 13–20.

Borges, U./Freitag, H./Hurtienne, T./Nitsch, M.: Proalcool – Analyse und Evaluierung des brasilianischen Biotreibstoffprogramms, SPEKTRUM Band 1, Saarbrücken 1984.

Born, H.: Widersprüche aus der Sicht des Deutschen Bauerverbandes, in: Wittschorek, P.(Hrsg.): AGENDA 2000, Herausforderungen an die Europäische Union und an Deutschland, Baden-Baden 1999, S. 63–75.

Brenndörfer, M.: Statusbericht aus Deutschland, in: Technologie- und Förderzentrum im Kompetenzzentrum für Nachwachsende Rohstoffe (Hrsg.): Tagungsband zum Internationalen Expertenforum: Rapsölkraftstoff in Traktoren und Blockheizkraftwerken, 25. bis 26. Februar 2002 in Straubing, Aachen 2003, S. 21–28.

Brocks, F.: Die staatliche Förderung alternativer Kraftstoffe: Das Beispiel Biodiesel, Frankfurt am Main 2001.

Bundesamt für Umwelt, Wald und Landschaft: Ökoprofile von Treibstoffen, Umwelt-Materialien Nr. 104, Bern 1998.

Bundesforschungsanstalt für Landwirtschaft (FAL): Modellgestützte Folgenabschätzung zu den Auswirkungen der Agenda 2000 auf die deutsche Landwirtschaft, Arbeitsbericht 1/99, Braunschweig 1999.

Bundesministerium für Bildung und Forschung, Science live: Perspektiven moderner Biotechnologie und Gentechnik, 3. aktualisierte Auflage, Bonn 2001.

Bundesministerium für Umwelt, Naturschutz und Reaktorsicherheit (Hrsg.): Referat Öffentlichkeitsarbeit: Aus Verantwortung für die Zukunft, Umweltpolitik als globale Herausforderung, Berlin 2002.

Bundesministerium für Umwelt, Naturschutz und Reaktorsicherheit (Hrsg.), Referat Öffentlichkeitsarbeit: Der Umweltreport, Berlin 2002.

Bundesministerium für Umwelt, Naturschutz und Reaktorsicherheit (Hrsg.), Referat Öffentlichkeitsarbeit: Erneuerbare Energien und Nachhaltige Entwicklung; Natürliche Ressourcen – Umweltgerechte Energieversorgung, Berlin 2002.

Bundesministerium für Umwelt, Naturschutz und Reaktorsicherheit (Hrsg.): Umweltgutachten des SRU – zur Umsetzung einer dauerhaft – umweltgerechten Entwicklung (Kurzfassung), Bonn 1998.

Bundesministerium für Verbraucherschutz, Ernährung und Landwirtschaft (Hrsg.): Statistisches Jahrbuch über Ernährung, Landwirtschaft und Forsten 2001, Münster-Hiltrup 2002.

Bundesministerium für Wirtschaft und Technologie (Hrsg.): Nachhaltige Energiepolitik für eine zukunftsfähige Energieversorgung, Energiebericht, Berlin 2001.

Bundesministerium für Wirtschaft und Technologie (Hrsg.), Referat Öffentlichkeitsarbeit: Ratgeber für den Verbraucher, Jetzt erneuerbare Energien nutzen, Berlin 2000.

Bundesregierung: Perspektiven für Deutschland; Unsere Strategie für eine nachhaltige Entwicklung, Berlin 2001/ 2002.

Busch, A.: Nachhaltige Entwicklung, Grenzen monetärer Operationalisierung und konzeptionelle Folgerungen, Frankfurt am Main 2001.

Doorman, F.: Global Development: Problems, Solutions, Strategy; A proposal for socially just, ecologically sustainable growth, Utrecht 1998.

Enquete-Kommission: Abschlussbericht: Schutz des Menschen und der Umwelt– Ziele und Rahmenbedingungen einer nachhaltig zukunftsverträglichen Entwicklung, Bonn 1998.

European Commission, in: Directorate-General for Economic and Financial Affairs (Hrsg): European Economy, The CAP and enlargement. economic effects of the compensatory payments, Brussels 1996.

Fachagentur Nachwachsende Rohstoffe: Biomasse als erneuerbarer Energieträger, in: Bundesministerium für Verbraucherschutz, Ernährung und Landwirtschaft (Hrsg.): Schriftenreihe „Nachwachsende Rohstoffe" Band 3, Münster 2002.

Frankfurter Rundschau, Genpflanzenanbau offenbar bald erlaubt, 3. März, 2003, Nr. 52.

Folkers, C: Gutachten zur ökonomischen Bewertung von Rapsöl/Rapsölmethylester (RME) gegenüber Dieselkraftstoff, in: Umweltbundesamt Texte 79/99 (Hrsg.), Aktuelle Bewertung des Einsatzes von Rapsöl/RME im Vergleich zu Dieselkraftstoff, Berlin 1999.

Gerken, L., Renner, A.: Nachhaltigkeit durch Wettbewerb, Tübingen 1996.

Gesetz für den Vorrang erneuerbarer Energien (Erneuerbare-Energien-Gesetz EEG) vom 29.März 2000 (BGBl./2000).

Goerke, D.: Ansatzpunkte zur Verbesserung der Wettbewerbsfähigkeit von Pflanzenöl als Treibstoff gegenüber Dieselkraftstoff, Fortschritt-Berichte VDI Reihe 12, Nr. 368, Düsseldorf 1998.

Graf, T./Reinhold, G.: Möglichkeiten der Bereitstellung von Rapsölkraftstoff aus dezentralen Ölsaatenverarbeitungsanlagen, in: Tagungsband zum Internationalen Expertenforum: Rapsölkraftstoff in Traktoren und Blockheizkraftwerken, 25. bis 26. Februar 2002 in Straubing, Aachen 2003. S. 41–50.

Groscurth, H.: Executive Summary, in: The LTI-Research Group (Hrsg.): Long– Term Integration of Renewable Energy Sources into the European Energy System, Heidelberg 1998, S. 1–20.

Grosskopf, W./Kappelmann, K.-H.: Analyse des Rapsschrot-Expeller Marktes, in: Schliephake, D./Hacker, C.-M. (Hrsg.): Verbundprojekt zur Ermittlung der landwirtschaftlichen, prozesstechnischen und verfahrenstechnischen Rahmenbedingungen für die Verwendung von Rapsöl und seiner Umwandlungskraft als Kraftstoff, Velbert 1994, S. 114–155.

Heal, G./Chichilnisky, G.: Oil and the International Economy, Oxford 1991.

Heinemeyer, O./Kücke, M. et al.: Lachgasemissionen beim Rapsanbau, in: FAL (Hrsg.): Fachtagung Biodiesel – Optimierungspotentiale und Umwelteffekte. Informationen, Erfahrungsaustausch Perspektiven, Braunschweig 1998, S. 173–181.

ifeu-Institut für Energie und Umweltforschung: Ressourcen- und Emissionsbilanzen. Rapsöl und RME im Vergleich zu Dieselkraftstoff, in: Umweltbundesamt Texte 79/99 (Hrsg.), Aktuelle Bewertung des Einsatzes von Rapsöl/RME im Vergleich zu Dieselkraftstoff, Berlin 1999.

ifo (Institut für Wirtschaftsforschung): Gesamtwirtschaftliche Bewertung des Rapsanbaus zur Biodieselproduktion in Deutschland, Sonderdruck aus ifo Schnelldienst Nr.6, München 2002.

Jopp, K.: Der Sprit vom Acker, in: Volkswagen Magazin, Band 1 2003, S. 42–45.

Kageson, P.: Growth versus the Environment: Is there a Trade-off ?, Dordrecht 1998.

Kahlert, B.: RME-OxiKat/ Umwandlung der Schadstoffe mit RME-optimiertem Katalysator, in: FAL (Hrsg.): Fachtagung Biodiesel – Optimierungspotentiale und Umwelteffekte. Informationen, Erfahrungsaustausch Perspektiven, Braunschweig 1998, S. 121–126.

Krahl, J.: Bestimmung der Schadstoffemissionen von landwirtschaftlichen Schleppern beim Betrieb mit Rapsölmethylester im Vergleich zu Dieselkraftstoff, Fortschrittsberichte VDI, Düsseldorf 1993.

Krahl, J.: Rapsölmethylester in dieselmotorischer Verbrennung –Emissionen, Umwelteffekte, Optimierungspotentiale, in: FAL (Hrsg.): Landbauforschung Völkenrode, Sonderheft 233, Braunschweig 2002.

Lauber, V. : Renewable Energy at the EU Level, in : Reiche, D. (Hrsg.) : Handbook of renewable energies in the European Union, Frankfurt am Main 2002, S. 25–36.

Maurer, B.: Das CRT-System im Biodiesel Einsatz, in : FAL (Hrsg.): Fachtagung Biodiesel – Optimierungspotentiale und Umwelteffekte. Informationen, Erfahrungsaustausch Perspektiven, Braunschweig 1998, S. 115–120.

Miller, J.: Perspektiven der Pflanzenölkraftstoffe, in: Technologie- und Förderzentrum im Kompetenzzentrum für Nachwachsende Rohstoffe (Hrsg.): Tagungsband zum Internationalen Expertenforum: Rapsölkraftstoff in Traktoren und Blockheizkraftwerken, 25. bis 26. Februar 2002 in Straubing, Aachen 2003, S. 7–12.

Munack, A./Krahl, J.: Biodieselsensorik, in: FAL (Hrsg.), Biodiesel – Potenziale, Umweltwirkungen, Praxiserfahrungen, Sonderheft 239, S. 87–92.

Müller-Christ, G.: Nachhaltiges Ressourcenmanagement, Eine wirtschaftsökologische Fundierung, Marburg 2001.

Nitsch, M.: Amazonien und wir, in: Klima Global Arte Amazonas (Hrsg.), S. 44–51.

Nitsch, M.: Treibstoff aus Raps, Ein energie- und landwirtschaftlicher Irrweg, in: Das Solarzeitalter, Band 3 1991, S. 9–11.

Presse- und Informationsamt der Bundesregierung: Europa in 100 Stichworten, Von Agenda 2000 bis Zollunion, Handbuch zur Europa-Politik, Bonn 1999.

Rogall, H.: Neue Umweltökonomie – Ökologische Ökonomie, Ökonomische und ethische Grundlagen der Nachhaltigkeit, Instrumente zu ihrer Durchsetzung, Opladen 2002.

Rogall, H.: Von der globalen zur betrieblichen Idee der Nachhaltigkeit, in: Dybe, G./Rogall, H. (Hrsg.) : Die ökonomische Säule der Nachhaltigkeit. Annäherungen aus gesamtwirtschaftlicher, regionaler und betrieblicher Perspektive, Berlin 2000, S. 21–43.

Scharmer, K.: Biodiesel, Energie und Umweltbilanz Rapsölmethylester, in: UFOP (Union zur Förderung von Oel- und Proteinpflanzen (Hrsg.) , Bonn 2001.

Scheer, H.: Solare Weltwirtschaft, Strategien für die ökologische Moderne, 5. aktualisierte Auflage, München 2002.

Scheer, H.: Es lebe der kleine Unterschied, Kommentar zu: „Treibstoff aus Raps" Artikel von Nitsch, M., in: Das Solarzeitalter, Band 3 1991, S. 11.

Schneider, G.: Energiepolitik zwischen Nachhaltigkeit und Liberalisierung, Forum der Weiterbildung in Ökologie 2000, Zürich 2000.

Stitzel, M.: Das Unternehmen als Initiator der ökologischen Umorientierung, in: Jänicke, M./Bolle, J.-J./Carius, A.: Umwelt global, Berlin 1994, S. 151–163.

Tagesspiegel, vom 24.04.03, OPEC hat Angst vor einer Ölschwemme (von Bernd Hops), Berlin 2003.

Teepe, R.: Quantifizierung der klimarelevanten Spurengasflüsse Lachgas (N_2O) und Methan (CH4) beim Anbau der nachwachsenden Rohstoffe Pappelholz und Rapsöl, Göttingen 1999.

TÜV Bayern, Biodiesel für Fahrzeuge, München, keine Jahresangabe.

UFOP (Union zur Förderung von Oel- und Proteinpflanzen e.V.), Bericht 2001/2002, Bonn 2002.

UFOP: Erfahrungen mit Biodiesel 2000 – Bericht von Biodieselfahrern, Bonn 1999.

UFOP: Biodiesel, Fakten Argumente Tips, Flower Power, Berlin 2003.

UFOP aktuell: Argumente die zählen, Bonn, keine Jahrsangabe.

UFOP: Biodiesel aus Raps, Die umweltgerechte Alternative, Bonn, keine Jahresangabe.

Umweltbundesamt Texte 4/93: Ökologische Bilanz von Rapsöl, bzw. Rapsölmethylester (Ökobilanz Rapsöl), Berlin 1993.

Wörgetter, M.: Eigenschaften von Biodiesel, in: FAL (Hrsg.): Fachtagung Biodiesel – Optimierungspotentiale und Umwelteffekte. Informationen, Erfahrungsaustausch Perspektiven, Braunschweig 1998, S. 31–44.

Zilmans, R.: Mit Biodiesel EURO 4?, in: FAL (Hrsg.): Fachtagung Biodiesel – Optimierungspotentiale und Umwelteffekte. Informationen, Erfahrungsaustausch Perspektiven, Braunschweig 1998, S. 135–142.